パイロットは知っている

羽田増便・都心低空飛行が危険なこれだけの理由

杉江弘（航空評論家／元日本航空機長）
山口宏弥（元航空労組連絡会議長／元日本航空機長）：著

JN086261

合同出版

もくじ

巻頭カラー資料　羽田増便に伴う新飛行ルート　3　◆【地域別】新飛行ルート　6

序章＝羽田増便・都心低空飛行問題の全体像　22

第1章＝なぜ羽田増便なのか　26

第2章＝航空機からの落下物はなぜ発生するのか──パイロットの視点から　37

コラム❶　都庁の上へ氷塊が落ちてくる!?　45

第3章＝根拠のない騒音想定がされている　47

コラム❷　パイロットと航空機の騒音　53

第4章＝羽田は世界一着陸が難しい空港になる　55

コラム❸　世界一着陸が難しかった香港の（旧）啓徳空港でも降下角は「3・1度」　67

第5章＝3・5度の降下角はスタビライズド・アプローチに違反する　69

コラム❹　管制が混乱の恐れ　76

第6章＝墜落リスクゼロという想定は正しいのか　77

コラム❺　名古屋での中華航空機事故の二の舞を憂慮する　85

第7章＝住民を欺く国交省の羽田重視の説明　88

コラム❻　東京の空は誰のものか──横田空域と新ルートの危ない関係　103

寄稿　羽田増便に反対する市民運動◎秋田 操／羽田増便による都心低空飛行計画に反対する東京連絡会　106

無謀な都心低空飛行を止めるために◎大村 究／羽田問題解決プロジェクト　107

資料　羽田増便・都心低空飛行に反対する市民グループ　109

【巻頭資料】
3～5ページ　：国土交通省「羽田空港のこれから」をもとに作図
6～21ページ　：国土交通省ウェブサイト「新飛行経路の詳細」より＊
＊2020年1月20日閲覧

羽田増便に伴う新飛行ルート

◎南風好天時

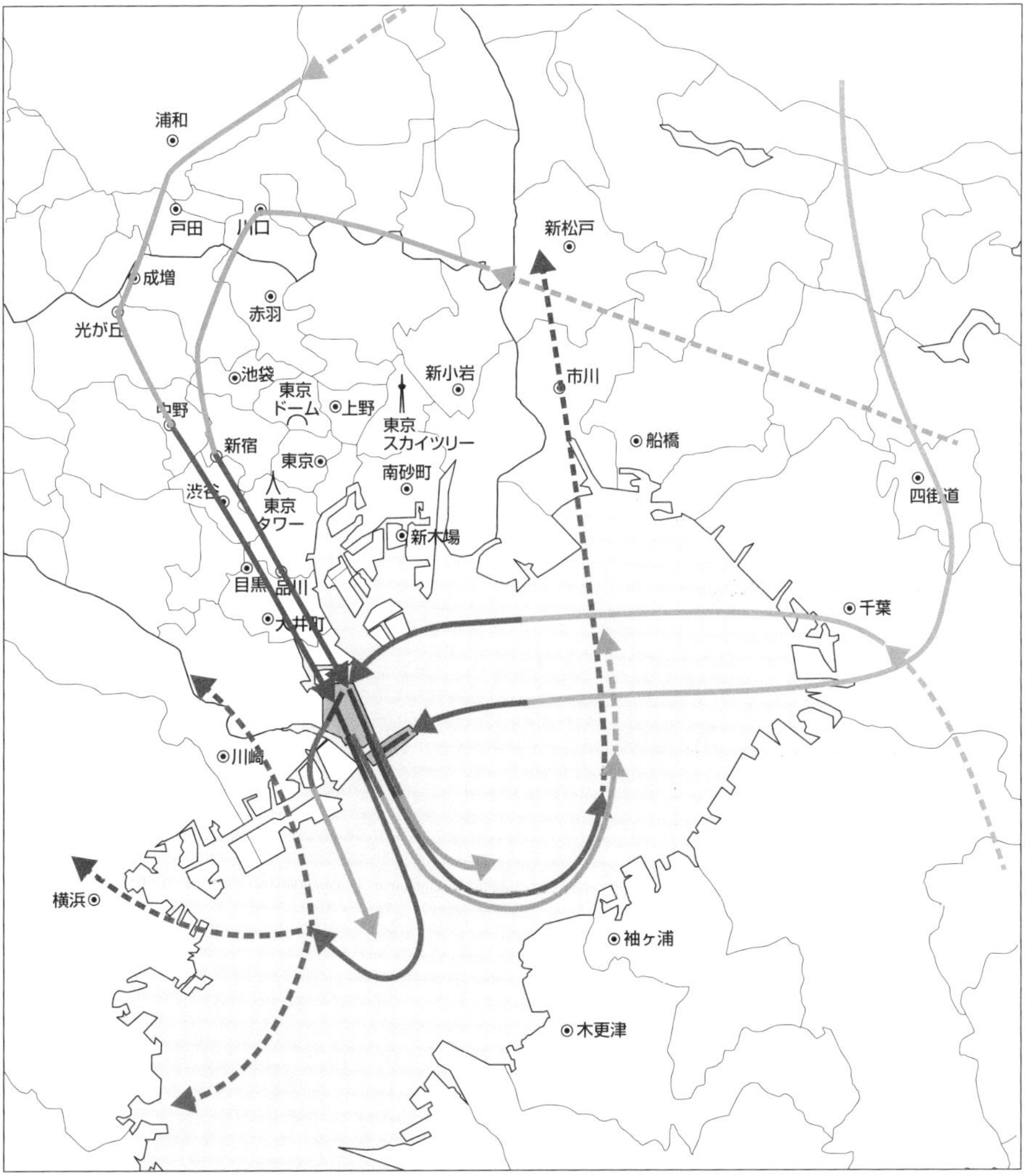

着陸ルート（15 ～ 19 時）
出発ルート（15 ～ 19 時）
着陸ルート（それ以外の時間帯）
出発ルート（それ以外の時間帯）

＊濃い色は高度 1000 フィート以下

＊点線は高度 6000 フィート以上

羽田増便に伴う新飛行ルート

◎南風悪天時

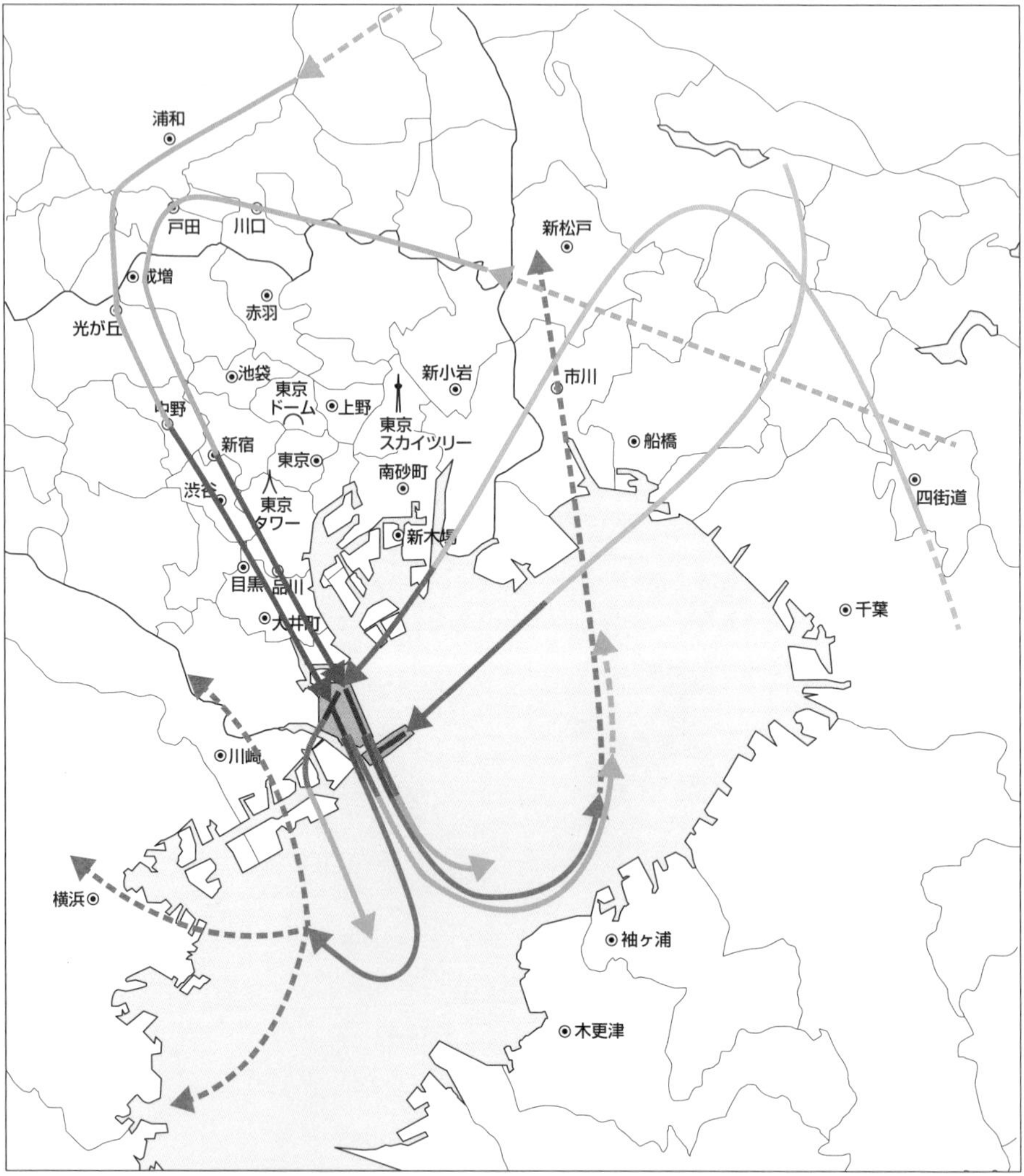

着陸ルート（15 ～ 19 時）　出発ルート（15 ～ 19 時）
着陸ルート（それ以外の時間帯）　出発ルート（それ以外の時間帯）

＊濃い色は高度 1000 フィート以下
＊点線は高度 6000 フィート以上

羽田増便に伴う新飛行ルート

◎北風時

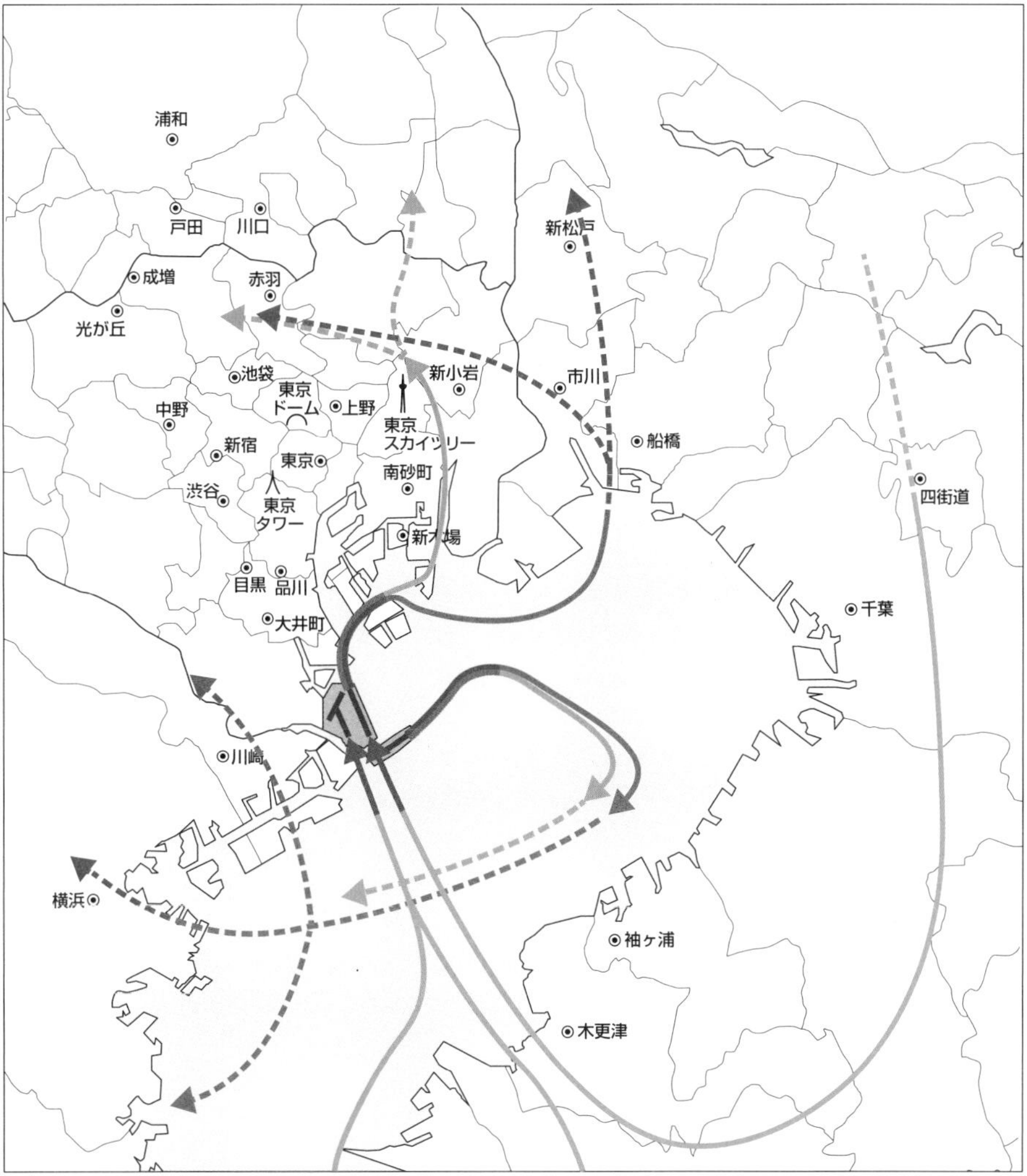

着陸ルート

出発ルート（7～11時半、15～19時）

出発ルート（それ以外の時間帯）

＊濃い色は高度1000フィート以下

＊点線は高度6000フィート以上

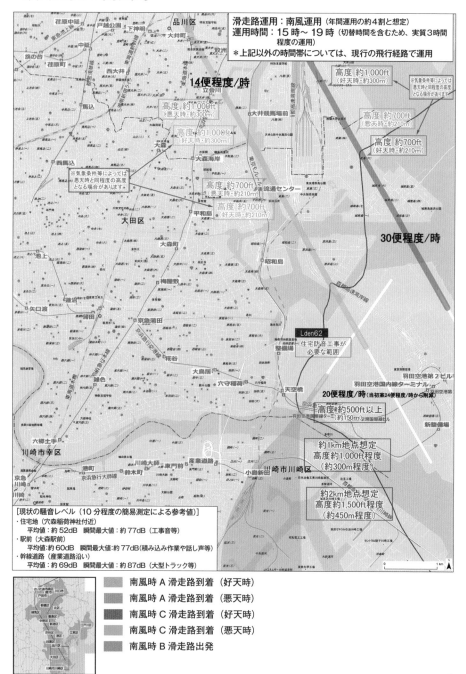

【地域別】新飛行ルート

1)大田区◎南風時

滑走路運用：南風運用（年間運用の約4割と想定）
運用時間：15時～19時（切替時間を含むため、実質3時間程度の運用）
＊上記以外の時間帯については、現行の飛行経路で運用
14便程度/時
30便程度/時
20便程度/時（当初案24便程度/時から削減）
高度 約1,000ft（好天時・約300m）
※気象条件等によっては悪天時と同程度の高度となる場合があります
高度 約1,000ft（悪天時・約300m）
高度 約1,000ft（好天時・約300m）
高度 約700ft（悪天時・約210m）
高度 約700ft（好天時・約210m）
※気象条件等によっては悪天時と同程度の高度となる場合があります
高度 約700ft（悪天時・約210m）
高度 約700ft（好天時・約210m）
Lden62
住宅防音工事が必要な範囲
高度約500ft以上（約150m）
約1km地点想定 高度約1,000ft程度（約300m程度）
約2km地点想定 高度約1,500ft程度（約450m程度）
品川区
大田区
川崎市幸区
川崎市川崎区
大井町
大森
大森海岸
平和島
大森町
梅屋敷
京急蒲田
蒲田
糀谷
大鳥居
穴守稲荷
天空橋
整備場
昭和島
流通センター
大井競馬場前
立会川
鮫洲
西大井
馬込
西馬込
池上
蓮沼
矢口渡
雑色
六郷土手
京急川崎
川崎
港町
鈴木町
川崎大師
東門前
産業道路
小島新田
羽田空港第２ビル
羽田空港国内線ターミナル
新整備場
荏原中延
戸越公園
下神明
中延
旗の台
荏原町
首都高速湾岸線
東京モノレール
京浜急行空港線
京浜急行本線
京浜急行大師線
東海道本線
[現状の騒音レベル（10分程度の簡易測定による参考値）]
・住宅地（穴森稲荷神社付近）
平均値：約52dB　瞬間最大値：約77dB（工事音等）
・駅前（大森駅前）
平均値:約60dB　瞬間最大値:約77dB(積み込み作業や話し声等)
・幹線道路（産業道路沿い）
平均値：約69dB　瞬間最大値：約87dB（大型トラック等）

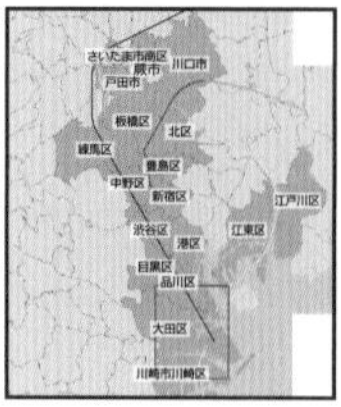
さいたま市南区
川口市
戸田市
蕨市
板橋区
北区
練馬区
豊島区
中野区
新宿区
江戸川区
渋谷区
江東区
港区
目黒区
品川区
大田区
川崎市川崎区

- 南風時 A 滑走路到着（好天時）
- 南風時 A 滑走路到着（悪天時）
- 南風時 C 滑走路到着（好天時）
- 南風時 C 滑走路到着（悪天時）
- 南風時 B 滑走路出発

2) 川崎市（川崎コンビナート地帯）◎南風時

南風時Ａ滑走路到着（好天時）
南風時Ａ滑走路到着（悪天時）
南風時Ｃ滑走路到着（好天時）
南風時Ｃ滑走路到着（悪天時）
南風時Ｂ滑走路出発

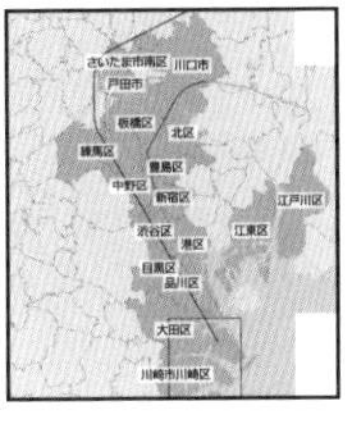

【地域別】新飛行ルート

3) 品川区◎南風時

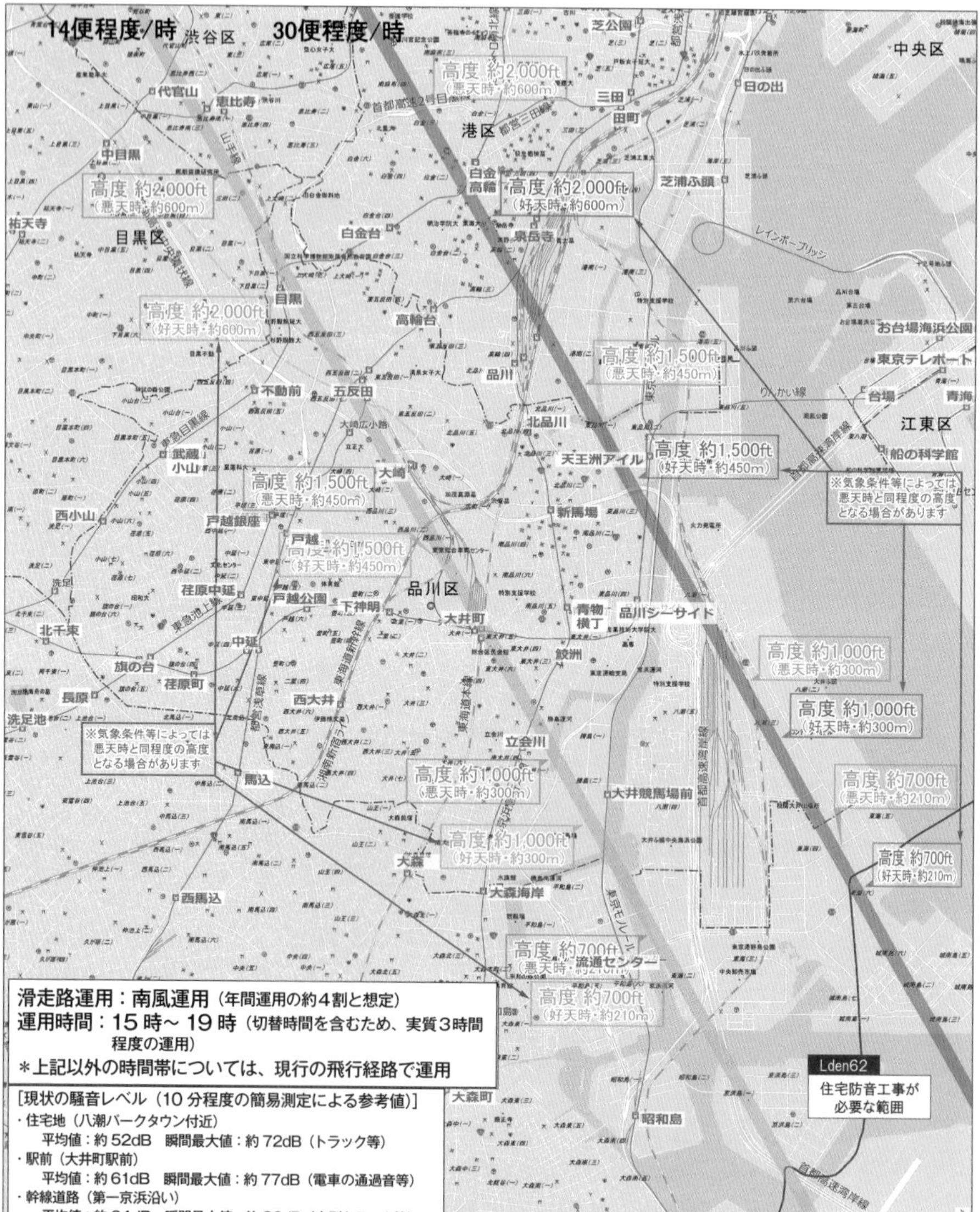

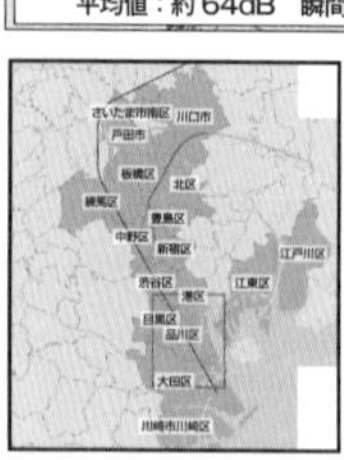

南風時 A 滑走路到着（好天時・降下角 3.5 度）

南風時 A 滑走路到着（悪天時・降下角 3 度）

南風時 C 滑走路到着（好天時・降下角 3.5 度）

南風時 C 滑走路到着（悪天時・降下角 3 度）

4)港区・目黒区◎南風時

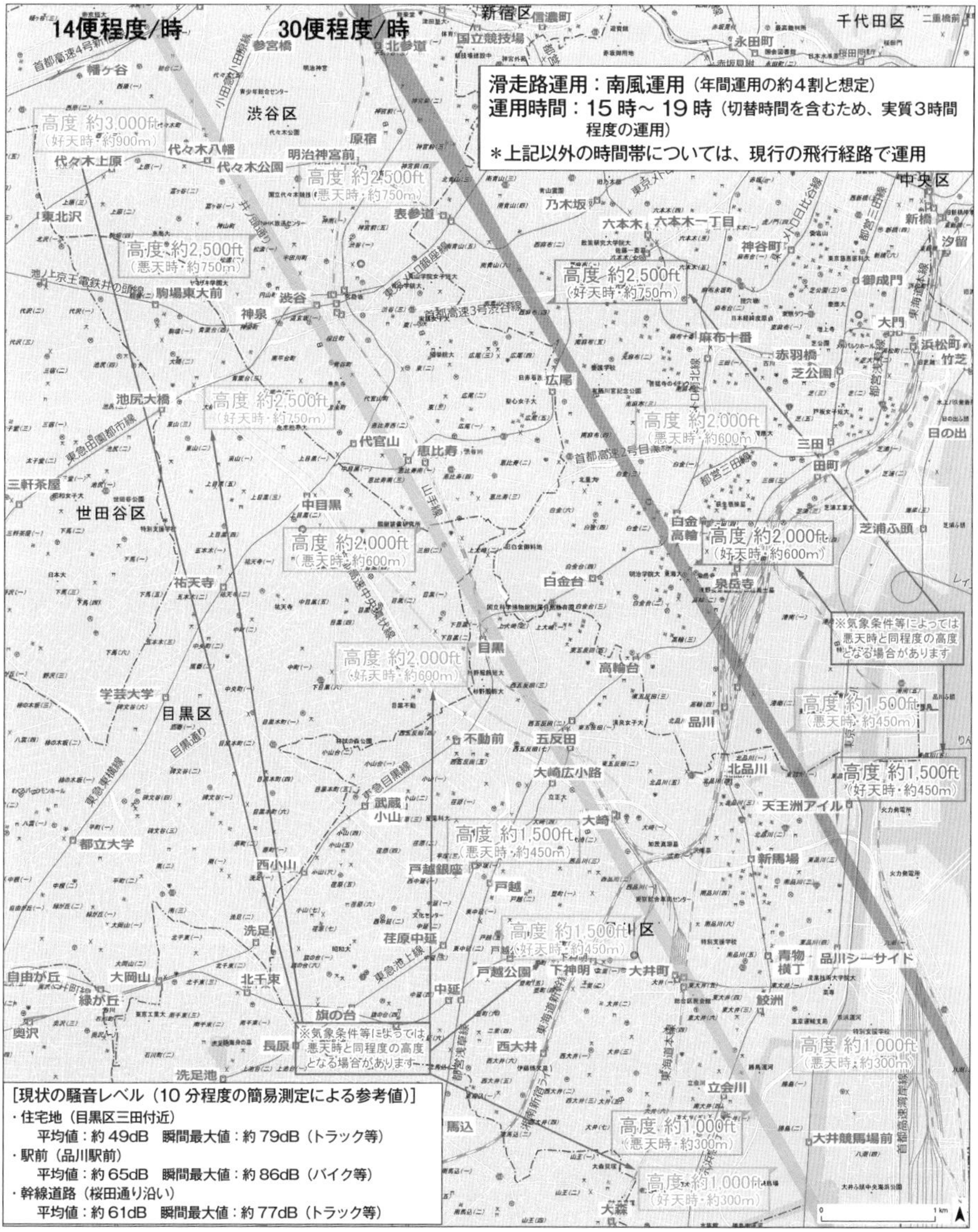

南風時 A 滑走路到着（好天時・降下角 3.5 度）

南風時 A 滑走路到着（悪天時・降下角 3 度）

南風時 C 滑走路到着（好天時・降下角 3.5 度）

南風時 C 滑走路到着（悪天時・降下角 3 度）

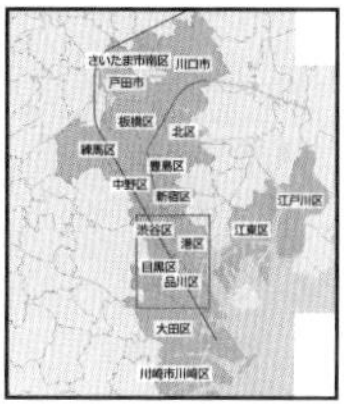

5)-1 渋谷区◎南風時

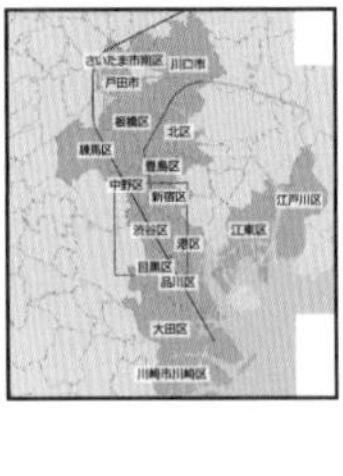

- 南風時 A 滑走路到着（好天時・降下角 3.5 度）
- 南風時 A 滑走路到着（悪天時・降下角 3 度）
- 南風時 C 滑走路到着（好天時・降下角 3.5 度）
- 南風時 C 滑走路到着（悪天時・降下角 3 度）

【地域別】新飛行ルート

5)-2 新宿区◎南風時

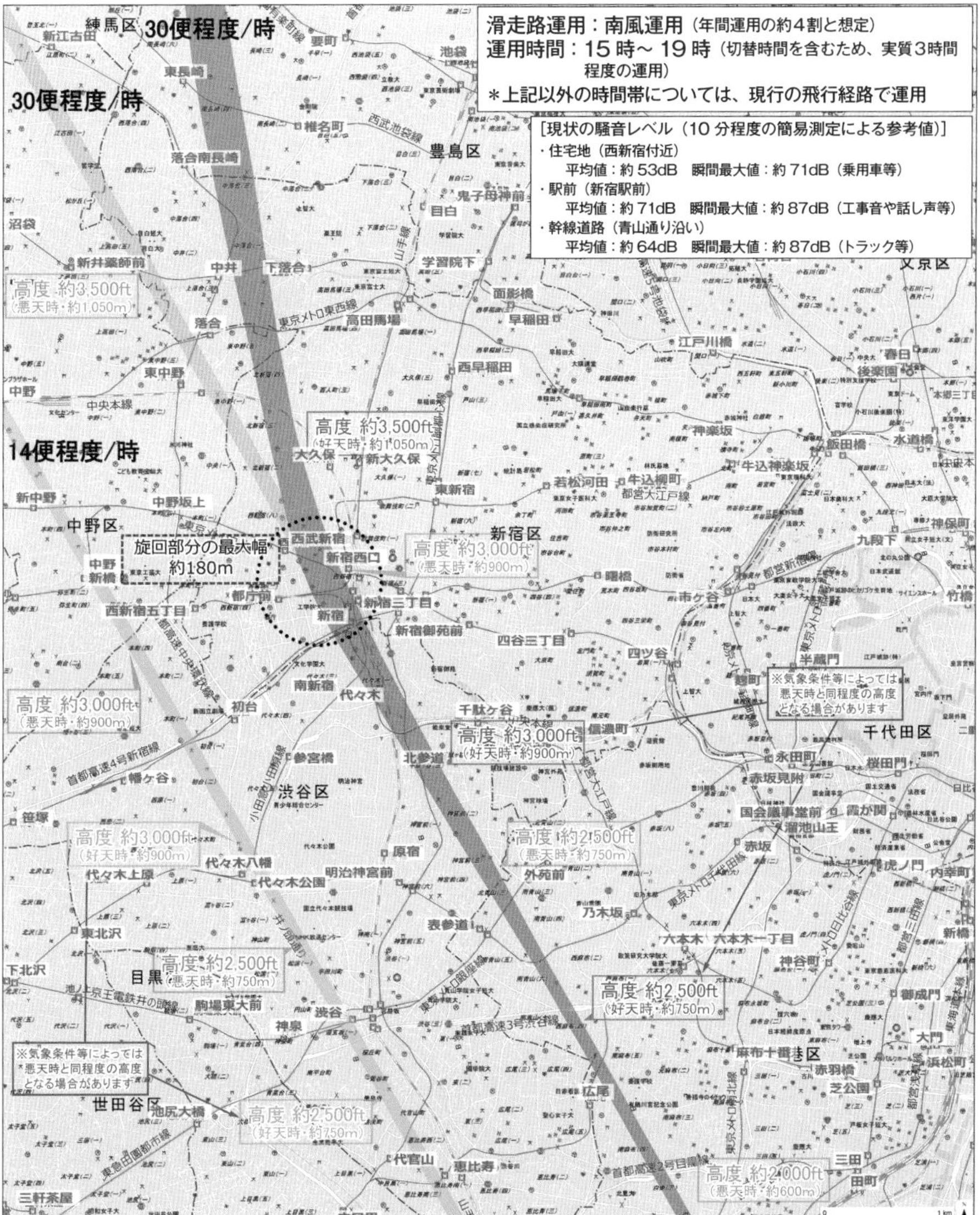

南風時A滑走路到着（好天時・降下角3.5度）

南風時A滑走路到着（悪天時・降下角3度）

南風時C滑走路到着（好天時・降下角3.5度）

南風時C滑走路到着（悪天時・降下角3度）

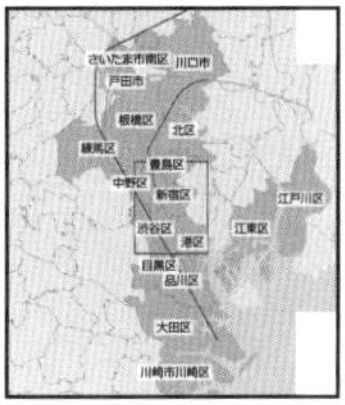

6)中野区◎南風時

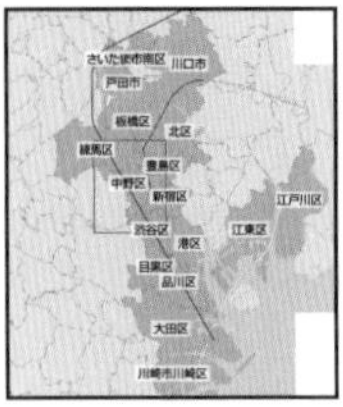

南風時 A 滑走路到着（好天時・降下角 3.5 度）
南風時 A 滑走路到着（悪天時・降下角 3 度）
南風時 C 滑走路到着（好天時・降下角 3.5 度）
南風時 C 滑走路到着（悪天時・降下角 3 度）

【地域別】新飛行ルート

7）豊島区◎南風時

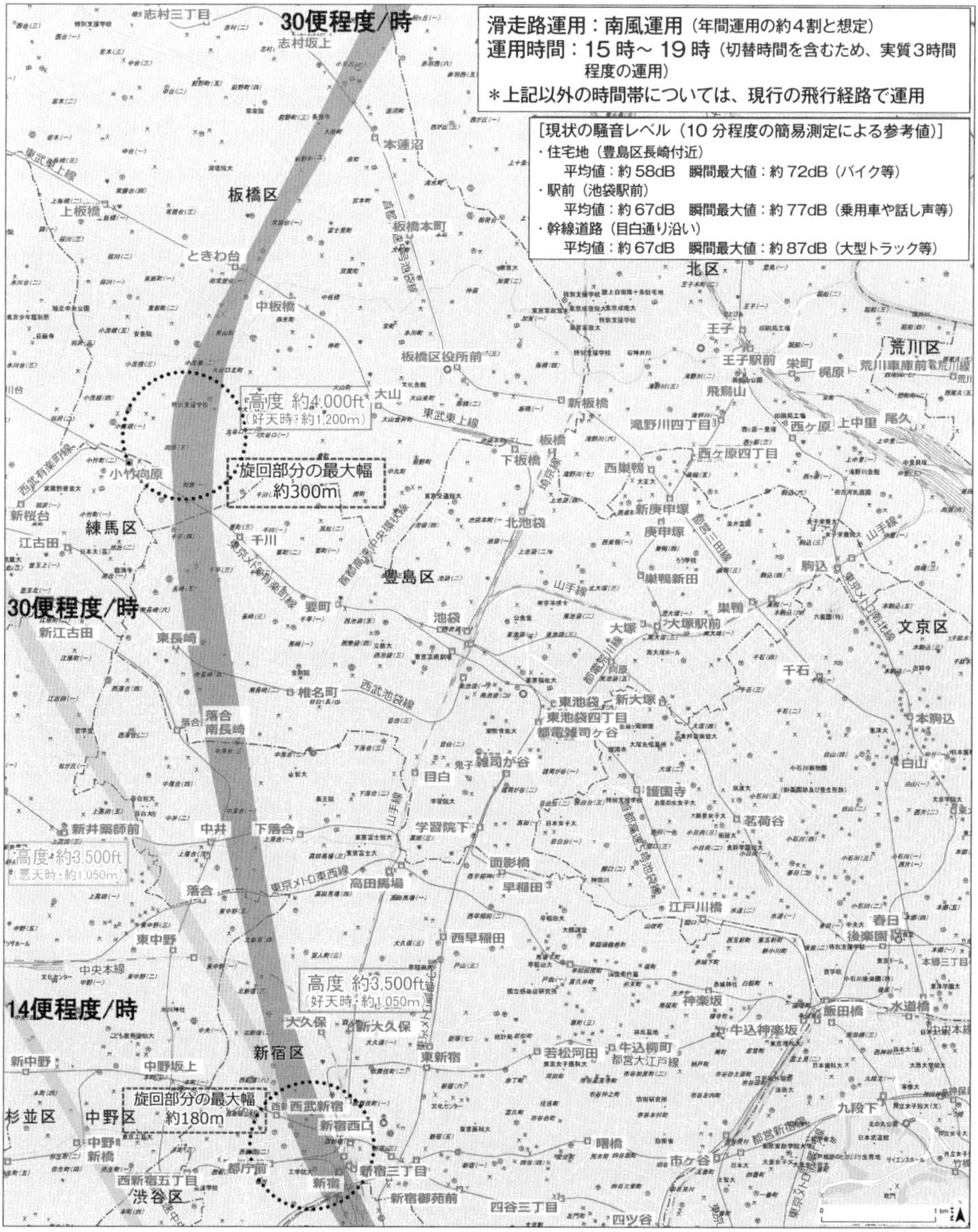

	南風時 A 滑走路到着（好天時）
	南風時 A 滑走路到着（悪天時）
	南風時 C 滑走路到着（好天時）
	南風時 C 滑走路到着（悪天時）

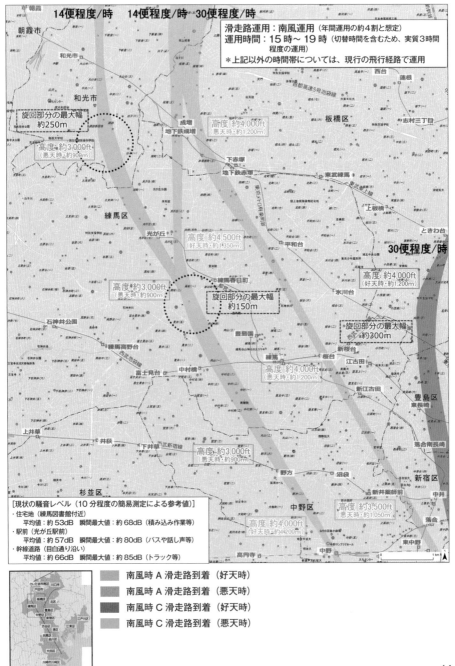

【地域別】新飛行ルート

8）練馬区◎南風時

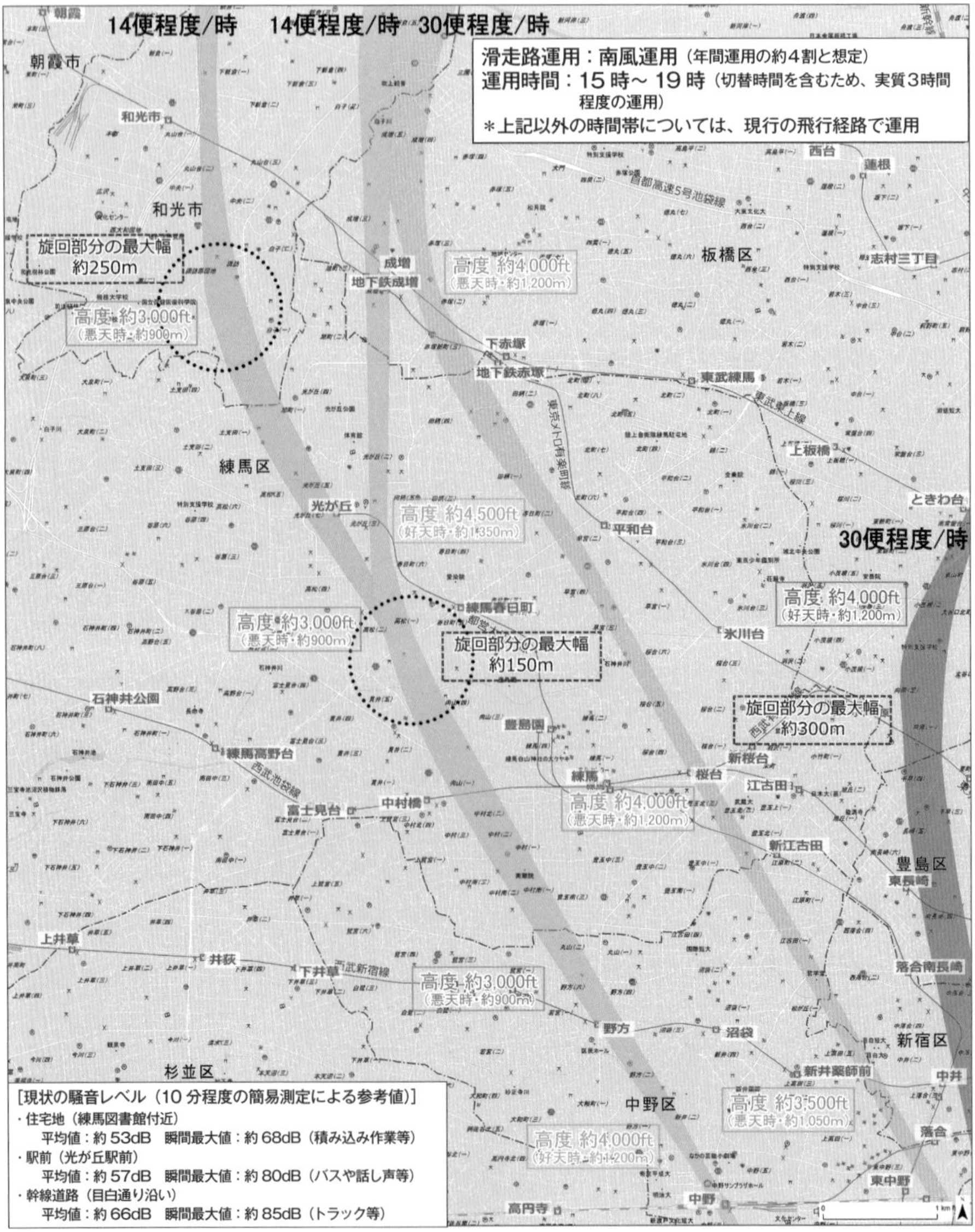

14便程度/時
14便程度/時
30便程度/時
30便程度/時
滑走路運用：南風運用（年間運用の約4割と想定）
運用時間：15時～19時（切替時間を含むため、実質3時間程度の運用）
＊上記以外の時間帯については、現行の飛行経路で運用
旋回部分の最大幅 約250m
旋回部分の最大幅 約150m
旋回部分の最大幅 約300m
高度 約3,000ft（悪天時・約900m）
高度 約4,000ft（悪天時・約1,200m）
高度 約4,500ft（好天時・約1,350m）
高度 約3,000ft（悪天時・約900m）
高度 約4,000ft（好天時・約1,200m）
高度 約4,000ft（悪天時・約1,200m）
高度 約3,000ft（悪天時・約900m）
高度 約3,500ft（悪天時・約1,050m）
高度 約4,000ft（好天時・約1,200m）
朝霞市
和光市
練馬区
板橋区
豊島区
新宿区
中野区
杉並区
成増
地下鉄成増
下赤塚
地下鉄赤塚
東武練馬
上板橋
ときわ台
平和台
練馬春日町
氷川台
光が丘
石神井公園
練馬高野台
豊島園
練馬
桜台
新桜台
江古田
新江古田
富士見台
中村橋
上井草
井荻
下井草
野方
沼袋
新井薬師前
東長崎
落合南長崎
中井
落合
東中野
中野
高円寺
西台
蓮根
志村三丁目
首都高速5号池袋線
東武東上線
東京メトロ有楽町線
西武池袋線
西武新宿線
［現状の騒音レベル（10分程度の簡易測定による参考値）］
・住宅地（練馬図書館付近）
平均値：約53dB　瞬間最大値：約68dB（積み込み作業等）
・駅前（光が丘駅前）
平均値：約57dB　瞬間最大値：約80dB（バスや話し声等）
・幹線道路（目白通り沿い）
平均値：約66dB　瞬間最大値：約85dB（トラック等）

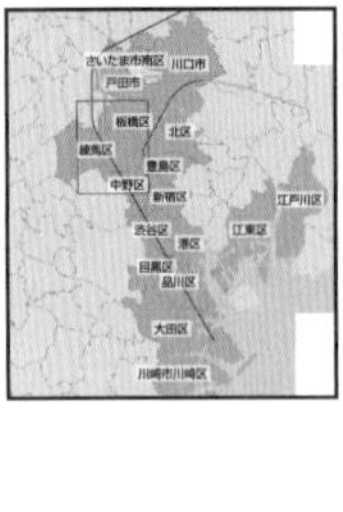

さいたま市南区
川口市
戸田市
板橋区
北区
練馬区
豊島区
中野区
新宿区
江戸川区
渋谷区
港区
江東区
目黒区
品川区
大田区
川崎市川崎区

南風時 A 滑走路到着（好天時）
南風時 A 滑走路到着（悪天時）
南風時 C 滑走路到着（好天時）
南風時 C 滑走路到着（悪天時）

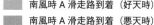

9)-1 板橋区 ½ ◎南風時

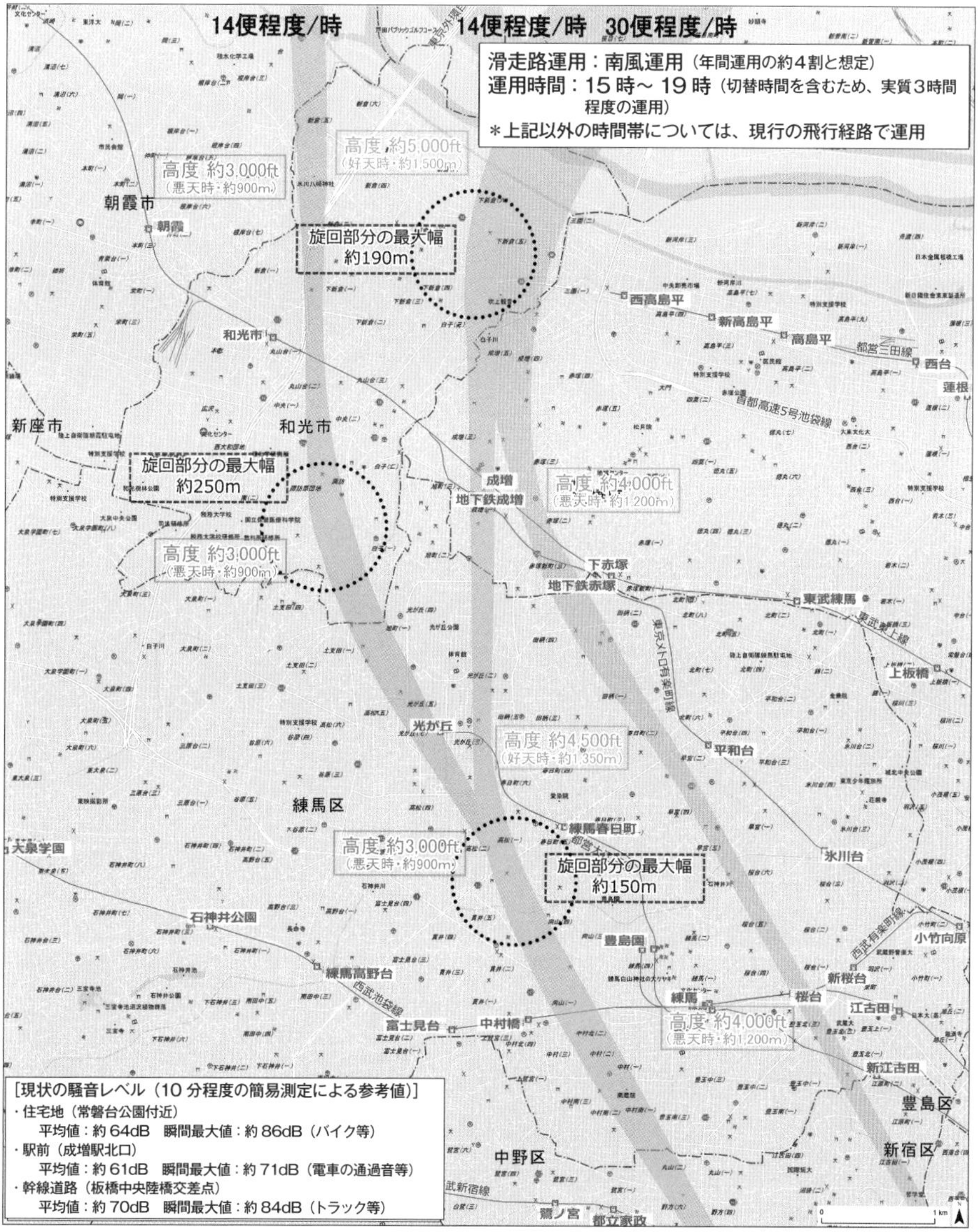
14便程度/時
14便程度/時　30便程度/時
滑走路運用：南風運用（年間運用の約4割と想定）
運用時間：15時～19時（切替時間を含むため、実質3時間程度の運用）
＊上記以外の時間帯については、現行の飛行経路で運用
高度 約5,000ft
（好天時・約1,500m）
高度 約3,000ft
（悪天時・約900m）
旋回部分の最大幅
約190m
朝霞市
和光市
新座市
旋回部分の最大幅
約250m
高度 約4,000ft
（悪天時・約1,200m）
高度 約3,000ft
（悪天時・約900m）
成増
地下鉄成増
下赤塚
地下鉄赤塚
東武練馬
上板橋
光が丘
高度 約4,500ft
（好天時・約1,350m）
平和台
練馬区
大泉学園
高度 約3,000ft
（悪天時・約900m）
練馬春日町
旋回部分の最大幅
約150m
氷川台
石神井公園
豊島園
小竹向原
練馬高野台
新桜台
練馬
桜台
江古田
富士見台
中村橋
高度 約4,000ft
（悪天時・約1,200m）
新江古田
豊島区
新宿区
中野区
西高島平
新高島平
高島平
西台
蓮根
首都高速5号池袋線
東京メトロ有楽町線
東武東上線
西武池袋線
西武有楽町線
都営三田線
西武新宿線
鷺ノ宮
都立家政
[現状の騒音レベル（10分程度の簡易測定による参考値）]
・住宅地（常盤台公園付近）
平均値：約64dB　瞬間最大値：約86dB（バイク等）
・駅前（成増駅北口）
平均値：約61dB　瞬間最大値：約71dB（電車の通過音等）
・幹線道路（板橋中央陸橋交差点）
平均値：約70dB　瞬間最大値：約84dB（トラック等）
0
1 km

南風時 A 滑走路到着（好天時）
南風時 A 滑走路到着（悪天時）
南風時 C 滑走路到着（悪天時）

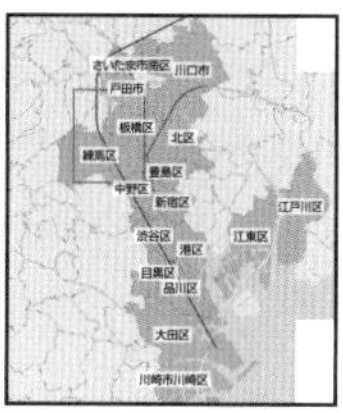
さいたま市南区
川口市
戸田市
板橋区
北区
練馬区
豊島区
中野区
新宿区
江戸川区
渋谷区
江東区
港区
目黒区
品川区
大田区
川崎市川崎区

【地域別】新飛行ルート

9)-2 板橋区 2/2 ◎南風時

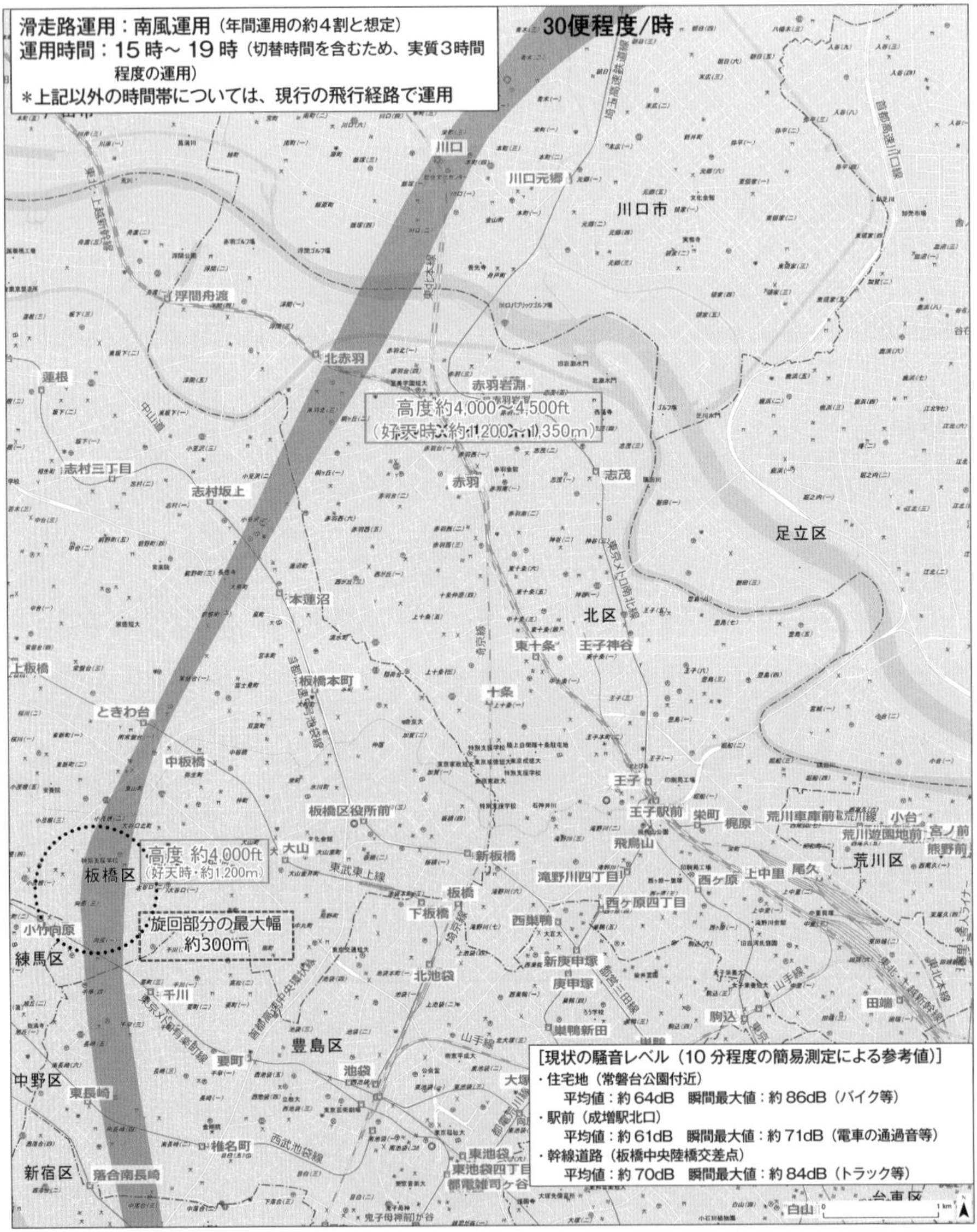
滑走路運用：南風運用（年間運用の約4割と想定）
運用時間：15時～19時（切替時間を含むため、実質3時間程度の運用）
＊上記以外の時間帯については、現行の飛行経路で運用
30便程度/時
高度約4,000～4,500ft
（好天時×約1,200～1,350m）
高度 約4,000ft
（好天時・約1,200m）
旋回部分の最大幅
約300m
板橋区
川口市
北区
足立区
荒川区
練馬区
豊島区
中野区
新宿区
[現状の騒音レベル（10分程度の簡易測定による参考値）]
・住宅地（常磐台公園付近）
平均値：約64dB　瞬間最大値：約86dB（バイク等）
・駅前（成増駅北口）
平均値：約61dB　瞬間最大値：約71dB（電車の通過音等）
・幹線道路（板橋中央陸橋交差点）
平均値：約70dB　瞬間最大値：約84dB（トラック等）

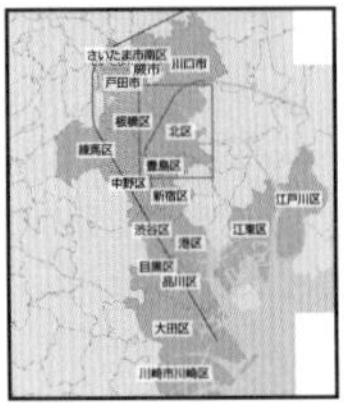

南風時C滑走路到着（好天時）

南風時C滑走路到着（悪天時）

【地域別】新飛行ルート

10）北区◎南風時

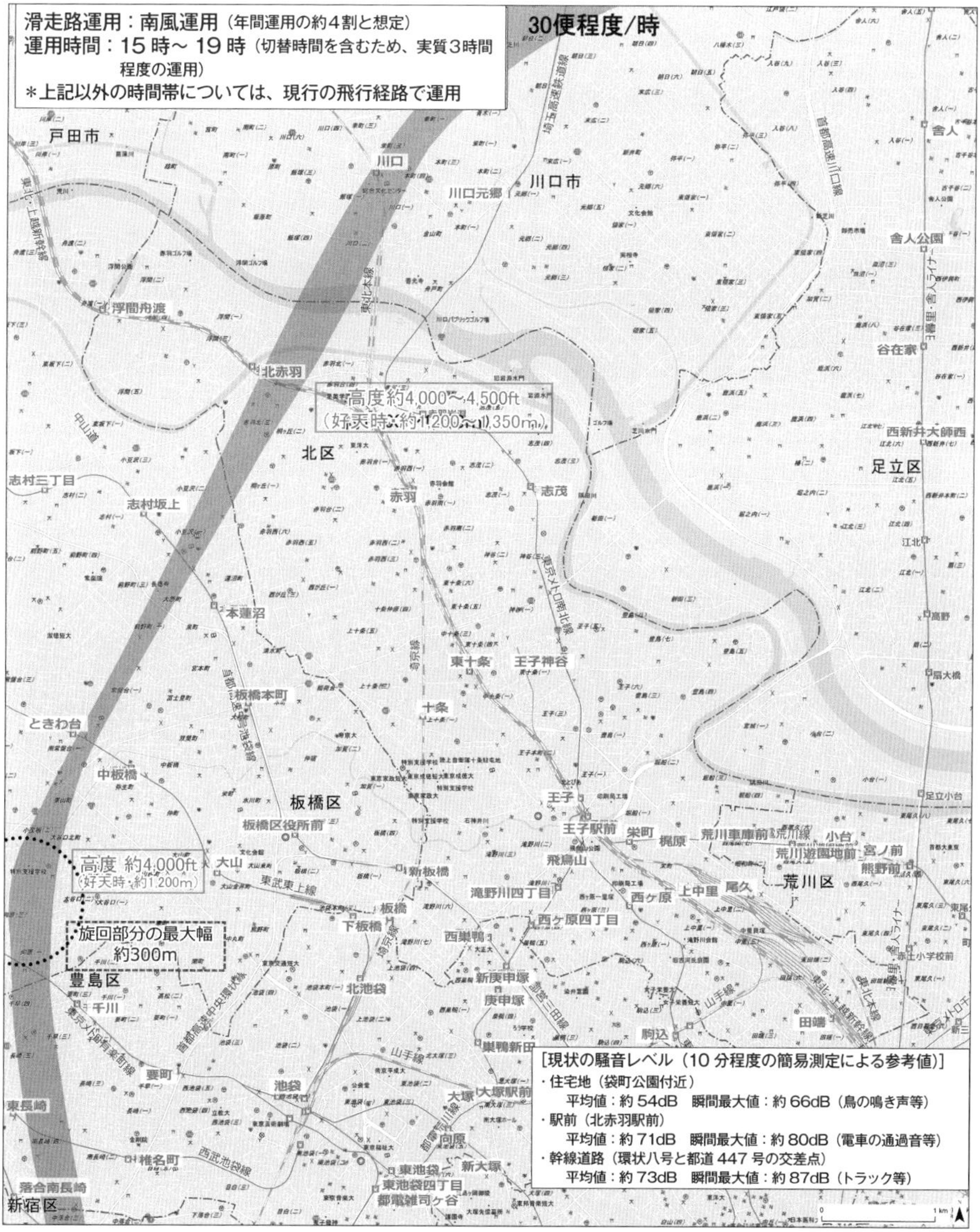

南風時C滑走路到着（好天時）

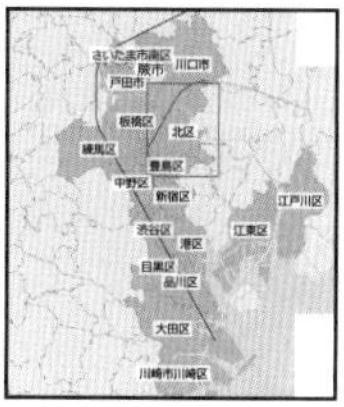

【地域別】新飛行ルート

11）川口市・蕨市◎南風時

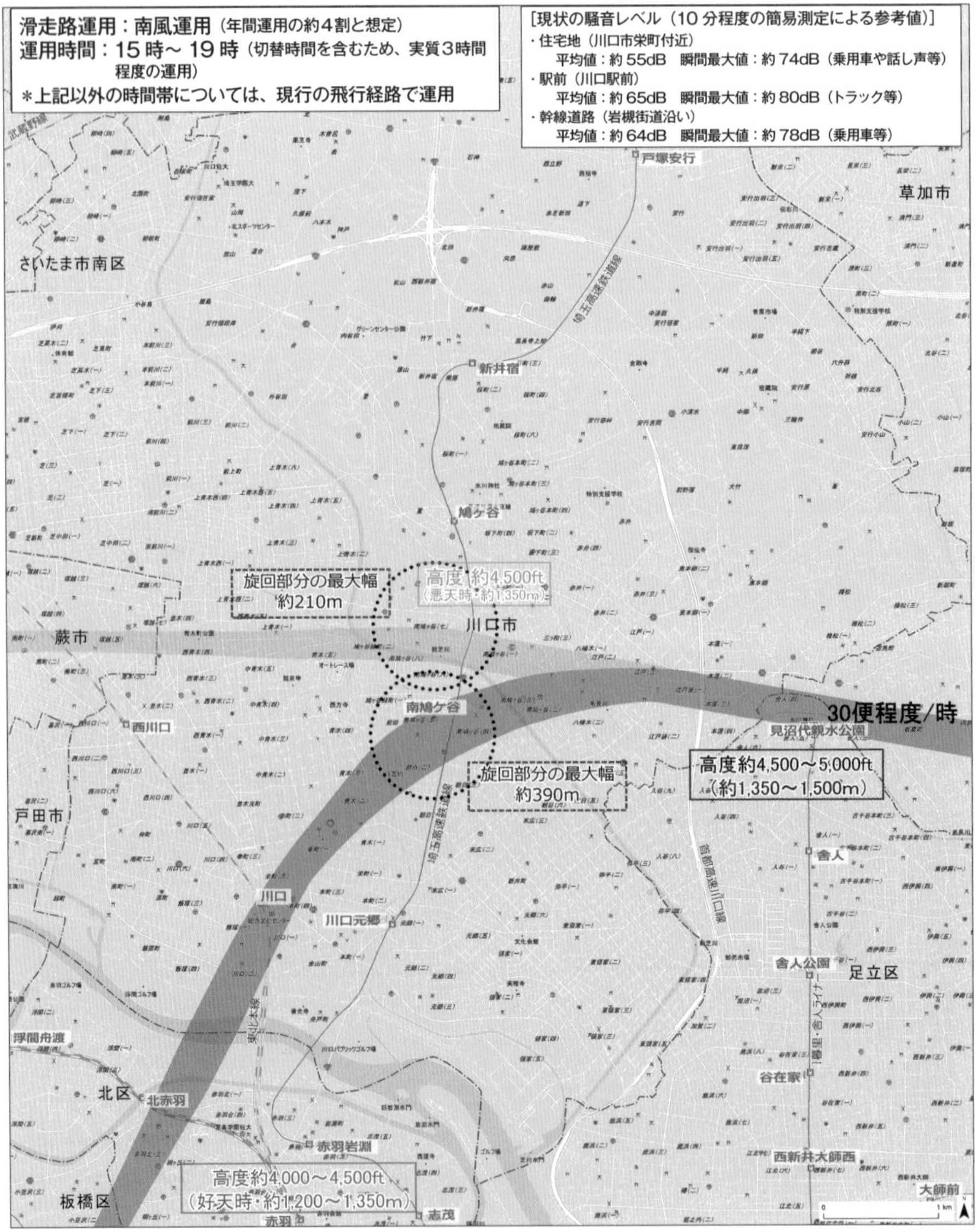

滑走路運用：南風運用（年間運用の約4割と想定）
運用時間：15時～19時（切替時間を含むため、実質3時間程度の運用）
＊上記以外の時間帯については、現行の飛行経路で運用
[現状の騒音レベル（10分程度の簡易測定による参考値）]
・住宅地（川口市栄町付近）
平均値：約55dB　瞬間最大値：約74dB（乗用車や話し声等）
・駅前（川口駅前）
平均値：約65dB　瞬間最大値：約80dB（トラック等）
・幹線道路（岩槻街道沿い）
平均値：約64dB　瞬間最大値：約78dB（乗用車等）
さいたま市南区
草加市
戸塚安行
新井宿
鳩ヶ谷
旋回部分の最大幅
約210m
高度 約4,500ft
（悪天時・約1,350m）
川口市
蕨市
南鳩ヶ谷
30便程度/時
見沼代親水公園
西川口
旋回部分の最大幅
約390m
高度約4,500～5,000ft
（約1,350～1,500m）
戸田市
舎人
川口
川口元郷
舎人公園
足立区
浮間舟渡
谷在家
北区
北赤羽
赤羽岩淵
西新井大師西
高度約4,000～4,500ft
（好天時・約1,200～1,350m）
板橋区
赤羽
志茂
大師前
埼玉高速鉄道線
首都高速川口線
東北本線
日暮里・舎人ライナー

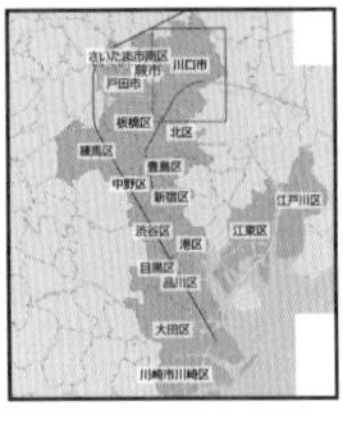

さいたま市南区
蕨市
川口市
戸田市
板橋区
北区
練馬区
豊島区
中野区
新宿区
江戸川区
渋谷区
港区
江東区
目黒区
品川区
大田区
川崎市川崎区

南風時C滑走路到着（好天時）

南風時C滑走路到着（悪天時）

【地域別】新飛行ルート

12)戸田市・さいたま市・蕨市◎南風時

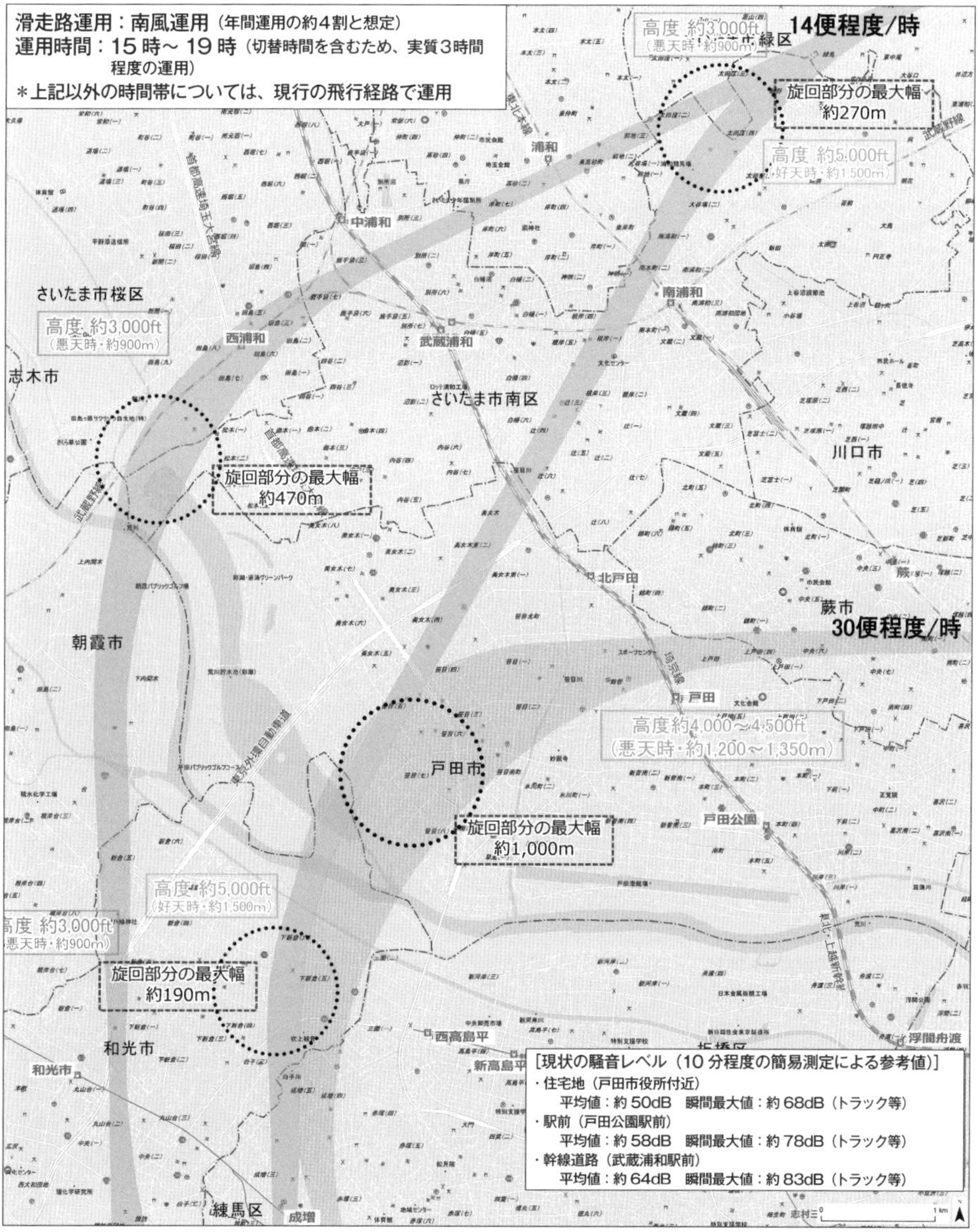
滑走路運用：南風運用（年間運用の約4割と想定）
運用時間：15時～19時（切替時間を含むため、実質3時間程度の運用）
＊上記以外の時間帯については、現行の飛行経路で運用
14便程度/時
高度 約3,000ft（悪天時・約900m）
緑区
旋回部分の最大幅 約270m
高度 約5,000ft（好天時・約1,500m）
浦和
中浦和
南浦和
さいたま市桜区
高度 約3,000ft（悪天時・約900m）
西浦和
武蔵浦和
志木市
さいたま市南区
旋回部分の最大幅 約470m
川口市
北戸田
蕨市
30便程度/時
朝霞市
戸田
高度約4,000～4,500ft（悪天時・約1,200～1,350m）
戸田市
旋回部分の最大幅 約1,000m
戸田公園
高度 約5,000ft（好天時・約1,500m）
高度 約3,000ft（悪天時・約900m）
旋回部分の最大幅 約190m
和光市
西高島平
新高島平
浮間舟渡
和光市
練馬区
成増
[現状の騒音レベル（10分程度の簡易測定による参考値）]
・住宅地（戸田市役所付近）
平均値：約50dB　瞬間最大値：約68dB（トラック等）
・駅前（戸田公園駅前）
平均値：約58dB　瞬間最大値：約78dB（トラック等）
・幹線道路（武蔵浦和駅前）
平均値：約64dB　瞬間最大値：約83dB（トラック等）

南風時A滑走路到着（好天時）
南風時A滑走路到着（悪天時）
南風時C滑走路到着（悪天時）

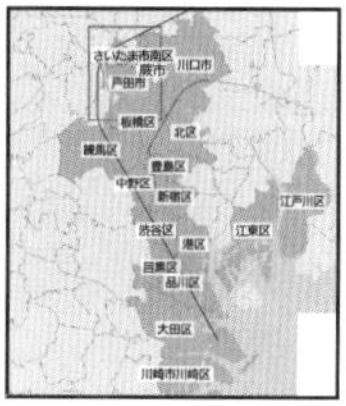
さいたま市南区
蕨市
戸田市
川口市
板橋区
北区
練馬区
豊島区
中野区
新宿区
江戸川区
渋谷区
港区
江東区
目黒区
品川区
大田区
川崎市川崎区

【地域別】新飛行ルート

13)江東区・江戸川区◎北風時

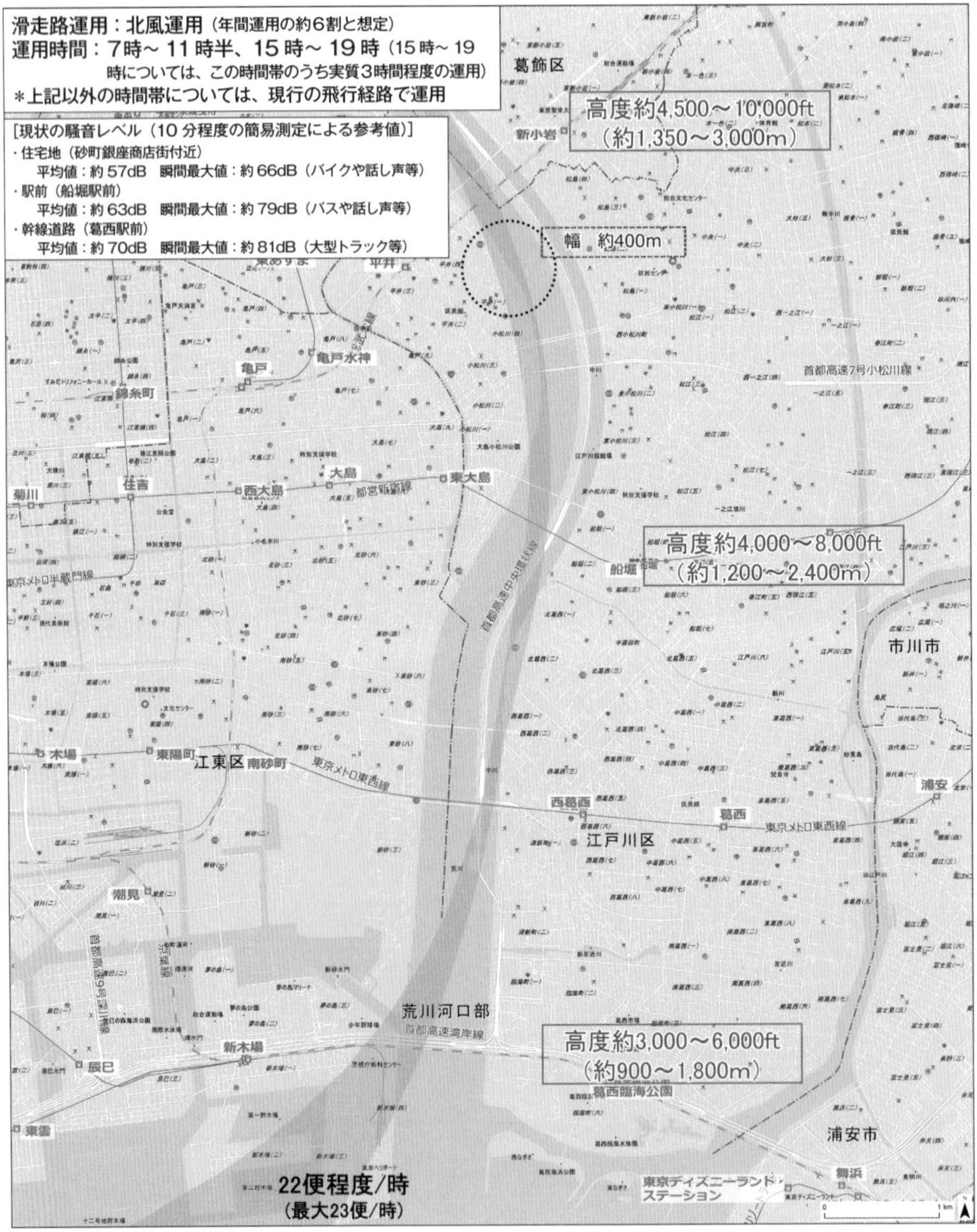
滑走路運用：北風運用（年間運用の約6割と想定）
運用時間：7時～11時半、15時～19時（15時～19時については、この時間帯のうち実質3時間程度の運用）
＊上記以外の時間帯については、現行の飛行経路で運用
[現状の騒音レベル（10分程度の簡易測定による参考値）]
・住宅地（砂町銀座商店街付近）
平均値：約57dB　瞬間最大値：約66dB（バイクや話し声等）
・駅前（船堀駅前）
平均値：約63dB　瞬間最大値：約79dB（バスや話し声等）
・幹線道路（葛西駅前）
平均値：約70dB　瞬間最大値：約81dB（大型トラック等）
高度約4,500～10,000ft
（約1,350～3,000m）
幅　約400m
高度約4,000～8,000ft
（約1,200～2,400m）
高度約3,000～6,000ft
（約900～1,800m）
22便程度/時
（最大23便/時）
葛飾区
新小岩
平井
亀戸
亀戸水神
錦糸町
菊川
住吉
西大島
大島
東大島
都営新宿線
東京メトロ半蔵門線
首都高速7号小松川線
首都高速中央環状線
船堀
市川市
木場
東陽町
江東区
南砂町
東京メトロ東西線
西葛西
葛西
江戸川区
浦安
潮見
首都高速9号深川線
京葉線
荒川河口部
首都高速湾岸線
新木場
辰巳
東雲
葛西臨海公園
浦安市
舞浜
東京ディズニーランド・ステーション

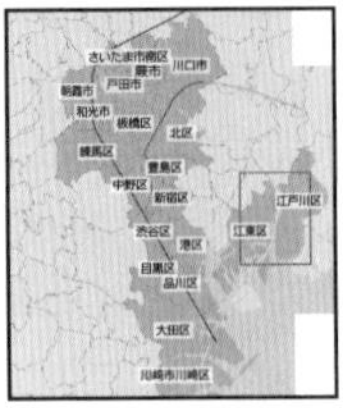

北風時C滑走路出発

【地域別】新飛行ルート

14）朝霞市・和光市◎南風時

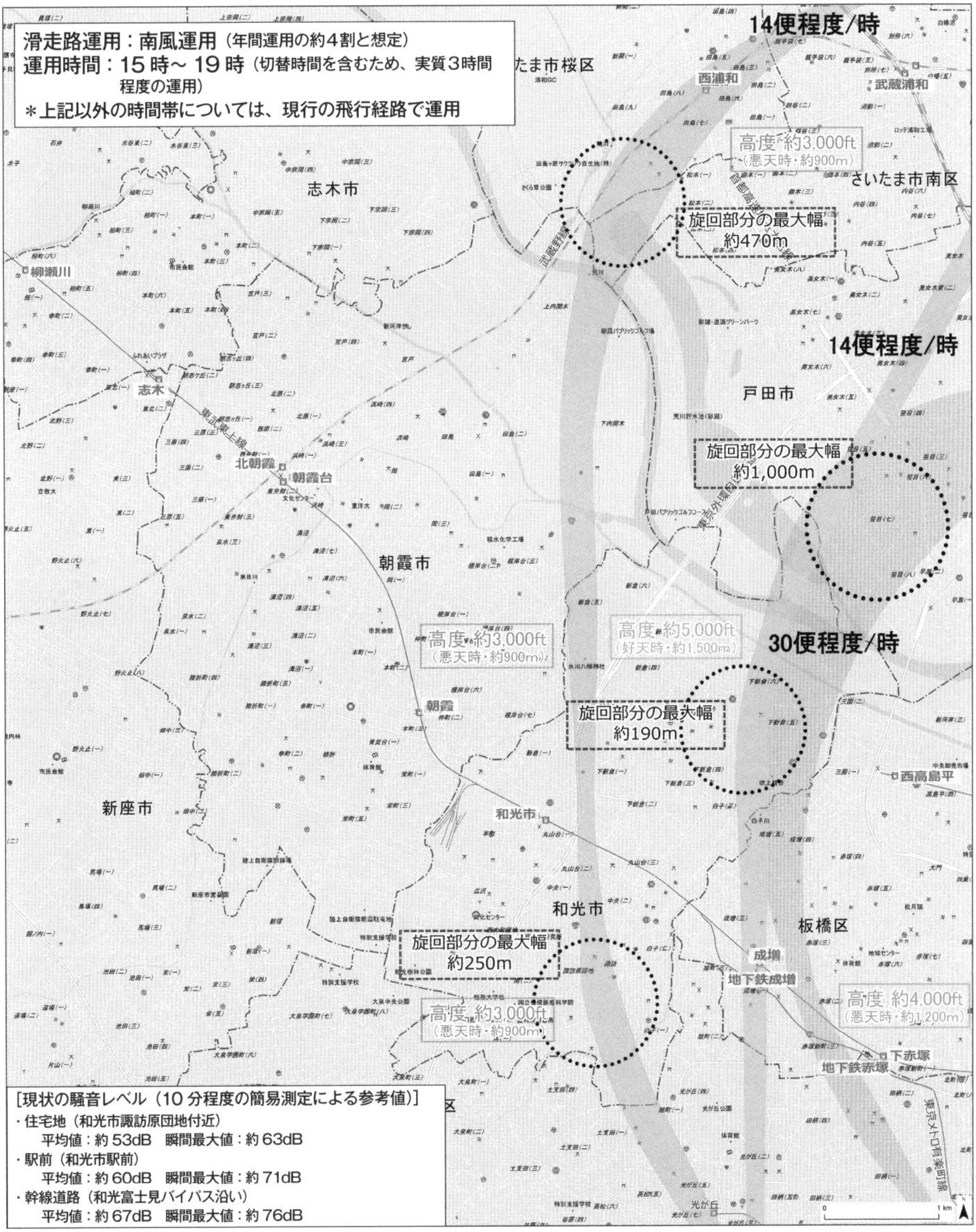

滑走路運用：南風運用（年間運用の約4割と想定）
運用時間：15時～19時（切替時間を含むため、実質3時間程度の運用）
＊上記以外の時間帯については、現行の飛行経路で運用
14便程度/時
14便程度/時
30便程度/時
旋回部分の最大幅 約470m
旋回部分の最大幅 約1,000m
旋回部分の最大幅 約190m
旋回部分の最大幅 約250m
高度 約3,000ft（悪天時・約900m）
高度 約5,000ft（好天時・約1,500m）
高度 約3,000ft（悪天時・約900m）
高度 約3,000ft（悪天時・約900m）
高度 約4,000ft（悪天時・約1,200m）
さいたま市桜区
さいたま市南区
西浦和
武蔵浦和
志木市
戸田市
朝霞市
新座市
和光市
板橋区
柳瀬川
志木
北朝霞
朝霞台
朝霞
和光市
成増
地下鉄成増
下赤塚
地下鉄赤塚
西高島平
光が丘
武蔵野線
東武東上線
東京外環自動車道
首都高速
東京メトロ有楽町線
[現状の騒音レベル（10分程度の簡易測定による参考値）]
・住宅地（和光市諏訪原団地付近）
平均値：約53dB　瞬間最大値：約63dB
・駅前（和光市駅前）
平均値：約60dB　瞬間最大値：約71dB
・幹線道路（和光富士見バイパス沿い）
平均値：約67dB　瞬間最大値：約76dB

- 南風時A滑走路到着（好天時）
- 南風時A滑走路到着（悪天時）
- 南風時C滑走路到着（悪天時）

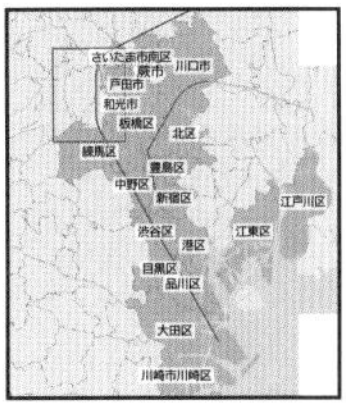

さいたま市南区
川口市
戸田市
蕨市
和光市
板橋区
北区
練馬区
豊島区
中野区
新宿区
江戸川区
渋谷区
港区
江東区
目黒区
品川区
大田区
川崎市川崎区

羽田増便・都心低空飛行問題の全体像

2020年3月末からの夏ダイヤにあわせて、日本の航空界が大きく変わろうとしています。日本政府が各国の航空会社に対して、羽田空港（東京国際空港）への離発着便を増やすよう積極的な誘致活動を行なったからです。羽田空港は都心に近くて便利だからと宣伝しました。米国大手のデルタ航空は2019年にすべての離発着を成田空港から羽田空港に移すことを決定しました。この決定を受けて、米国各社やオーストラリアやヨーロッパ、アジアの大手の航空会社も羽田空港へ離発着を移転する動きが出ています。

日本の大手航空会社である全日空（ANA）や日本航空（JAL）も欧米路線を中心に成田から羽田に離発着を変更することを決定していますが、これによって2020年の夏ダイヤから日本の航空会社の欧米路線では羽田便が成田便を上回ることになります。

政府の方針は、ビジネス客の多い長距離便を羽田に、運賃の安い観光客中心のLCC（格安航空会社）は成田へ誘致するという「議論なき航空政策」を推進していると言わざるを得ないものです。こうした目先の利益を求める航空政策によってなし崩し的に羽田空港の増便計画が拡大されようとしています。

今後、各国の航空会社が羽田空港への乗り入れを要求してきたら、発着枠をさらに増やさざる

図１　戦後の羽田空港拡張の変遷

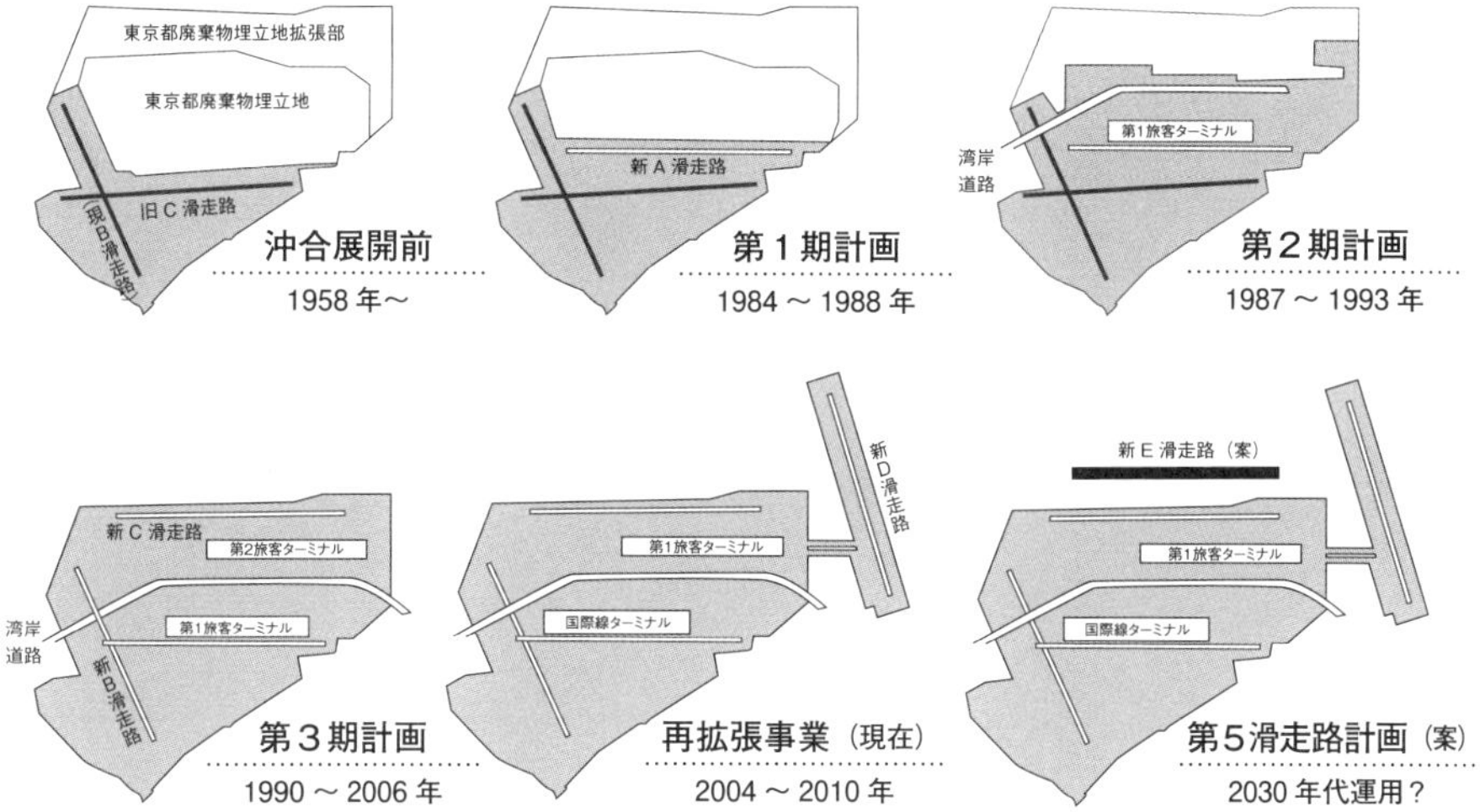
東京都廃棄物埋立地拡張部
東京都廃棄物埋立地
旧C滑走路
（現B滑走路）
沖合展開前
1958年～
新A滑走路
第１期計画
1984～1988年
第1旅客ターミナル
湾岸道路
第２期計画
1987～1993年
新C滑走路
第2旅客ターミナル
第1旅客ターミナル
湾岸道路
新B滑走路
第３期計画
1990～2006年
新D滑走路
第1旅客ターミナル
国際線ターミナル
再拡張事業（現在）
2004～2010年
新E滑走路（案）
第1旅客ターミナル
国際線ターミナル
第5滑走路計画（案）
2030年代運用？

を得ないことになり、２０１０年に供用を開始した第４滑走路（沖合のD滑走路）に続き、第５、第６と増設していくという歯止めない展開になってゆくことが目に見えています。

今回の羽田空港増便計画は、２０２０年の東京オリンピックに向けて、訪日外国人を２０００万人にするという従来目標を早々に達成したことにより、４０００万人へと拡大するという号令の下に、打ち出されました。ビジネス旅客を羽田空港に、安価な観光客は成田空港にという方針は従来からあったのですが、安倍政権になってさまざまな分野で見られる格差拡大政策が、ここにも持ち込まれ、さらに進められようとしています。

１９７８年の成田開港によって国際線は成田空港から、国内線は羽田空港から離発着という運用が基本になっていましたが、その後、沖合展開や米軍横田空域の一部返還などを受け、羽田空港の発着枠が増えたのを機に、国際線のチャーター便などが運航されるようになりました。

第一次安倍内閣時代に当時の冬柴国交大臣が「長距離国際線は成田、国内線と近距離国際線は羽田で」という航空政策を表明しましたが、D滑走路の運用がはじまると、長距離国際線も羽田で受け入れるという方針に変わっていったのです。

本来、国際線の成田空港と羽田空港の棲み分け、2つの空港での増便計画や滑走路建設は、中長期的な航空政策として検討されるべき問題で、国会などでの議論を経て決定される必要があります。東京オリンピックの開催に加えて、首都圏にカジノを誘致したいという利権絡みの思惑もあって、場当たり的に羽田への離発着の誘致が進められ、とりわけ安倍政権になってからこの動きが加速されています。

さて、羽田空港の発着枠を拡大しようとすると、「都心低空飛行ルート」の採用という重大な問題が持ち上がっていきます。都心低空飛行ルートの問題点を航空の専門家の立場から列挙すると、大きく分けて次の3点になります。

❶世界の大空港では例を見ない、ジェットコースターのような急角度（3・5度）で滑走路に進入しなければならない。

❷羽田空港への着陸ルートの西側にある米軍横田空域への侵入を避けるために、東側から2カ所の地点で急旋回しなければならないという、世界でも例のない飛行方式を採用しなければならない。

❸長距離国際線の空港を郊外から都心へ再移転するという世界初の珍現象が起こる。

この3つの世界でも例がない暴挙は、以下の5つの問題を引き起こします。
(1)人口密集地で、落下物による人的・物的被害が発生する(とくに第2章)。
(2)急角度の滑走路への進入による機体の尻もち事故などの着陸事故が多発する(とくに第5章)。
(3)都心人口密集地での低空飛行により、騒音被害を引き起こす(とくに第3章)。
(4)「W(ダブル)−RNAV」と呼ばれる進入方式はニアミスを誘発する(とくに第4章)。
(5)住民や自治体の意思を無視した行政手法の悪しき例になる(本書全体)。

問題点の詳細は本文を参照していただくとして、多くの人命にもかかわる問題点をはらんでいる「都心低空飛行ルート」を強行することは絶対にあってはならないことです。都心上空を低空で航空機が飛ぶことになるいくつかの区議会では、全会一致で計画を「容認しない」という決議や見直しを求める意見書が出される一方、新飛行ルートに賛成を表明している区はありません。これまで、政府や航空会社が公言してきた住民関係者への「十分な説明と理解が前提」というルールが守られているといえる状況ではありません。

長年、パイロットとして、航空機を操縦してきた私たちが最も危惧しているのは、実際に操縦するパイロットや管制官の意見を聞かず、飛行方法がトップダウンで決められたことです。都心を新ルートの実験場にしてよいのでしょうか。

このままでは必ずや落下物による人的・物的被害が発生し、航空事故が多発します。国と国交省は国民、都民の命を第一に考え、すみやかにこの都心低空飛行を中止することを求めてやみません。

(杉江　弘)

図１　羽田・成田の空港処理能力の増加と見通し
＊国土交通省「首都圏空港の機能強化について」をもとに作図

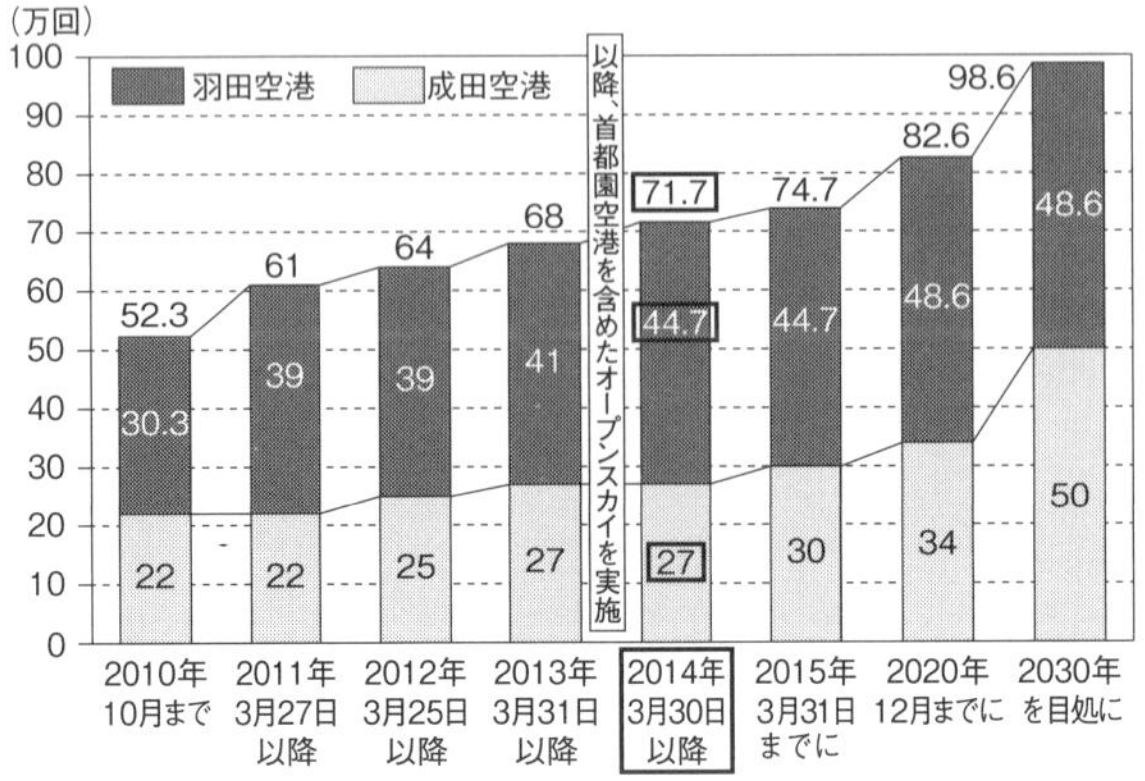
(万回)
100
90
80
70
60
50
40
30
20
10
0
羽田空港
成田空港
以降、首都圏空港を含めたオープンスカイを実施
52.3
30.3
22
61
39
22
64
39
25
68
41
27
71.7
44.7
27
74.7
44.7
30
82.6
48.6
34
98.6
48.6
50
2010年 10月まで
2011年 3月27日 以降
2012年 3月25日 以降
2013年 3月31日 以降
2014年 3月30日 以降
2015年 3月31日 までに
2020年 12月までに
2030年 を目処に

観光立国をもとにした首都圏空港機能の強化策

政府・国土交通省（以下、国交省）は羽田と成田の両空港を合わせた離着陸能力を、従来の年間約75万回を２０２０年中に８万回増やして約83万回、それ以降16万回増やして、約１００万回にする計画を打ち出しています。

２０２０年中に計画される８万回の離発着数の内訳は、羽田空港で３・９万回、成田空港で４万回とされています。その後の16万回の増便分は、すべて成田空港が担うとされています。

この計画の背景には、２０２０年中の年間訪日旅客数を従来目標を大幅に前倒し、４０００万人へと上方修正し、次のステップでは２０３０年までに６０００万人（従来目標は３０００万人）を目指すという観光立国政策があります。

これまでの航空政策を反故にした羽田空港優遇方針

成田空港は1978年に開港しましたが、それは羽田空港では今後予測される国内線と国際線の増便には対応できないという理由でした。その結果、国際線はすべて成田空港に移管され、羽田空港は国内線だけの運用と決められました。

成田空港は都心から60キロ離れていて、千葉県にあるにもかかわらず「新東京国際空港」という名称になったのも、首都圏に発着する国際線を成田空港に一元化する方針に従ったからです。

しかし、小泉政権下（扇千景国交大臣）で2002年6月に「経済財政運営と構造改革に関する基本方針2002」が閣議決定されると、それを受けて再び羽田空港が拡張され、国際定期便の就航を図ることになり、早朝・深夜枠を使ったグアムやアジア各国へのチャーター便の運航が開始されていきます。

2006年に国交大臣に就任した冬柴鐵三氏は当初、「羽田は国内線と近距離国際線、長距離国際線等は成田で運用する」と表明していましたが、「国土交通省成長戦略航空分野について」（2010年5月17日）で、「我が国の成長に貢献する航空政策」が打ち出されました。そして2010年10月には、羽田沖合にD滑走路が建設され、発着枠が拡大することで羽田でも欧米・長距離アジアを含む高需要・ビジネス路線を展開する方針が打ち出されます。当初はアジア便を中心とした近距離国際線に限られていましたが、次第に国際線の定期便の多くが羽田に就航するようになります。

「我が国の成長に貢献する航空政策」には航空会社の路線や便数、運賃などで協定を定める規制を撤廃したオープンスカイ（航空の自由化）の推進の方針に基づいて成田空港の年間発着枠を年間30万回とすることが示され、2010年秋からは、羽田空港からも欧州、米国、インドネシアなどへの長距離国際線の運航がスタートしています。そして今日ではニューヨークやワシントンなどへの超長距離便も当然のように離発着するようになっています。さらに、この増便計画で全長3000メートルのA滑走路と、3360メートルのC滑走路を離着陸でも使用するとしています（95ページ参照）。

このことは、私の飛行経験からすると、とても心配です。羽田空港から夏期に太平洋を東に飛ぶニューヨークやワシントン行きのフライトで、離陸時に安全性の問題が生じると考えられます。夏期のフライトでは上空で強い偏西風（ジェット気流）を追い風として利用できないため飛行時間が長くなり、燃料を満タンにするため離陸時の重量が大きくなります。加えて離陸時には気温が高いためにエンジン出力が低下します。また、空気密度が低下するため、翼にかかる揚力も小さくなります。

つまり、上空での対地速度が遅くなるため、飛行時間が長くなり、その分燃料を多く積み込む必要が出てきます。離陸時の重量が増えると、離陸の際の性能が低下します。離陸性能が低下すると滑走距離の長さがさらに必要になり、羽田空港の3360メートルのC滑走路では安全上の余裕がまったくないのです。

その結果、万一離陸滑走中にエンジントラブルを含む重大なトラブルが発生した場合、パイロットが離陸を中断して急ブレーキをかけてもオーバーランする可能性が大きいのです。安全第一と考えるなら夏期の米国東部などへ向かう長距離便はこれまでのように4000メートル級の滑走路をもつ成田空港からの運航にすべきです。

話を戻し、前述のように羽田空港の国際線運用は、なし崩し的に拡大されてきたもので、本来、国際線の運用について成田と羽田の「棲み分け」をきちんと行ない、路線・便数の割り当てをするべきなのですが、場当たり的な航空政策が優先されているのです。

そのことで、犠牲になっているのが、「クリティカル・イレブン・ミニッツ」（魔の11分間＝離陸の3分、着陸の8分）といわれる時間帯における航空機の安全（77ページ参照）、飛行ルートの直下にある住民の安全（落下物の危険、37ページ参照）、騒音問題などです。

人口密集地、都心の上空を飛ばない世界の常識

日本政府や東京都は各国の航空会社に羽田空港への離発着を誘致していますが、世界の航空行政では、旅客機を人口密集地の大都市上空に飛ばさないことが当たり前になっています。拡大する長距離国際線などの航空需要に対応して、むしろ大都市近くの空港の機能を縮小または廃止して、規模の大きな新空港を郊外につくっています。郊外に新設した国際空港から、大都市の空港に離発着便を移すという動きはどこにもありません。

最近では2019年9月、大空港である北京大興国際空港が開港しました。北京市街地から南に45キロのところで、北京市の玄関口である北京西駅に直行する最高時速350キロの高速鉄道を開通させ、所要時間は30分で結んでいます。これまで北側に北京首都国際空港が、都心から約14キロの場所に軍民共用の北京南苑空港がありましたが、新空港の開港で、北京南苑空港は閉鎖されています。

この北京の例のように、大都市や人口密集地の上空を飛行しないようにしているのです。パリも同様です。オルリー空港という、戦前の1932年に開港したパリ市内から約14キロの至近の場所に国際空港がありましたが、1974年にシャルル・ド・ゴール空港を開港し、主要な旅客機や貨物輸送機の発着の機能をこの空港に移転しています。シャルル・ド・ゴール空港は、パリ市内から約23キロの距離にあります。

また、ミラノでは、市街地から4・8キロという至近の場所にミラノ・リナーテ空港がありますが、1990年代以降、約46キロの郊外にあるマルペンサ空港を改修し、多くの国際線を移転しました。台湾でも、戦前から使われていた台北松山空港が台北駅から5キロほどの距離にありますが、現在では国際線のほとんどを桃園国際空港に移転しています。桃園国際空港は、台北の市街地から約40キロの場所にあります。

パリもミラノも台北も、旧空港での離着陸を受け入れていますが、国内線限定あるいは、近距離の国際線のみです。これらはほんの一例ですが、世界の大都市では、長距離国際線の離発着は、郊外の空港で行なうというように仕分けられているのです。

表1　都市圏内に複数の空港をもつ都市の空港機能の使い分け
＊国土交通省、2013年「今後の首都圏空港のあり方について」をもとに作表

都市	空港	市街地からの距離	国際線比率
パリ	シャルル・ド・ゴール	約23km	92%
	オルリー	約14km	59%（欧州、アルジェリア、モロッコ、イラン）
ミラノ	リナーテ	約4.8km	39%（欧州線のみ）
	マルペンサ	約46km	80%
ソウル	金浦	約15km	20%（日本、中国、台湾）
	仁川	約48km	99%
上海	虹橋	約15km	3%（台湾、韓国、日本、マカオ）
	浦東	約30km	36%
台北	松山	約5km	44%（中国、韓国、日本）
	桃園	約40km	100%
東京	成田	約66km	93% ＊1
	羽田	約20km	21% ＊2

＊1　成田国際空港株式会社（2018年利用状況／2019年3月発表）
＊2　日本空港ビルディング株式会社（2018年利用状況／2019年4月発表）

デルタ航空が2020年3月から成田空港発着便のすべてを羽田空港に移すと決定しましたが、このことは世界的に見ても異例で、かつ異常なことなのです。日本側が「羽田空港を使ってくれ」と要請すれば、旅客の便宜を優先して都心に少しでも近い空港を選ぶのは航空会社としては当然の選択で、実際、デルタ航空の発表以降、米国の他の航空会社や、オーストラリアや欧州の多くの航空会社も同様の要求を出しはじめています。

各国の羽田空港増便の要望を満たすためには、羽田での発着枠の拡大を限りなく進めていかなくてはならず、いずれ第5、第6の滑走路建設が必要という話が出てくるでしょう。

政府や東京都としては、多くの問題を含む「都心低空飛行ルート」を東京湾エリアの開発、巨大カジノの誘致計画、東京オリンピックを契機にしたインバウンドの拡大などの目標を進めるために羽田空港の離発着便の増発、長距離国際線を一極

集中させる政策は国民的な論議を必要としているのです。

都心低空飛行ルートはオリンピック以降も続く

政府・国交省は、東京オリンピック・パラリンピックを目当てにやってくる海外からの旅行客に対応するために、都心低空飛行ルートという方法しかないかのような言い方で地域住民への説明を行なってきました。関係地域住民の間には新ルートによる騒音、落下物事故などの問題があるかもしれないが、一定の協力をすることや、そのために我慢をすることもやむを得ないとする雰囲気もつくりだされてきました。

しかし羽田離発着問題にとって、オリンピックはいわば一時的な動機に過ぎず、それ以降も続いていく政策です。南風時の運航時間は午後3時から夜7時までの間の実質3時間、北風時は午前7時から11時半、午後3時から7時までの8時間半という約束も将来的には、運航時間帯がどんどん延長されて、早朝から深夜にかけてひっきりなしに上空を航空機が飛ぶという事態になることが懸念されます。

２０２０年の東京オリンピックのためには、羽田空港の活用も仕方ないと思われる方もいるかもしれませんが、現状でも成田空港の発着枠にはまだ余裕があり、滑走路の使い方や運用時間の延長などでさらに4万便を増やすことが可能とされています。この後、紹介しますが、都心低空飛行ルートによる増便数は1・1万回でしかありません（34ページ参照）、増便は成田空港でも十分に対応できるのです。また、10年後には新しい滑走路を新設する計画があり、それによって、年間50万回へと拡大する方針も明らかにされたばかりです。

羽田空港で3・9万回増便実現の方策

はじめに紹介しましたが、政府・国土交通省は羽田と成田の両空港を合わせた離着陸能力を、これまでの年間約75万回から2020年中に8万回増やすことを計画しています。8万回の増便計画の内訳は、羽田空港で3・9万回、成田空港で4万回とされています（26ページ、図1参照）。

さて、羽田空港で3・9万回の増便を可能にするために、国交省は都心を低空飛行する新ルートを導入する必要があるとしています。

2014年7月に「首都圏空港機能強化技術検討小委員会の中間取りまとめ」という報告書が出されました。これは、羽田増便計画の根拠になっているのですが、この報告書をもとに国交省に増便3・9万回の内訳を確認したところ、次のような回答がありました。

❶離着陸ルートを現行のまま変更しなくても再検証した結果1・3万回増える。
❷北風時の荒川北上ルートを採用することで、さらに最大1・5万回増える。
❸南風時に都心を低空飛行する着陸方式と、川崎コンビナート上空へ離陸するルートを採用することで、さらに1・1万回増える。

◆羽田空港に臨む川崎コンビナート

たしかに❶❷❸合わせると3・9万回増になりますが、現状の44・7万回から48・6万回への増便は、8・7%の増加に過ぎません。3通りの方法のなかで最もリスクの高いのは❸の都心低空飛行による着陸と川崎コンビナート上空への離陸ルートで、このリスクを受け入れる効果は1・1万回でしかありません。

少し専門的な説明になりますが、低空飛行する着陸方式と川崎コンビナート上空へ離陸するルートを採用することで、1・1万回が増便するという判断にもパイロットだった者として疑問符がつきます。

まず離発着する航空機の間隔は、先行機が出すエンジンなどからの後方乱気流の影響から、風が弱いときには、距離や時間を十分にとる必要があります。

しかし計画では気象条件などの前提が示されておらず、実際には離発着回数が少なくなる可能性があります。

さらに専門的な話ですが、本来機長が視界4キロ

図2　新しい離着陸ルート案
＊国土交通省「羽田空港のこれから」をもとに作図

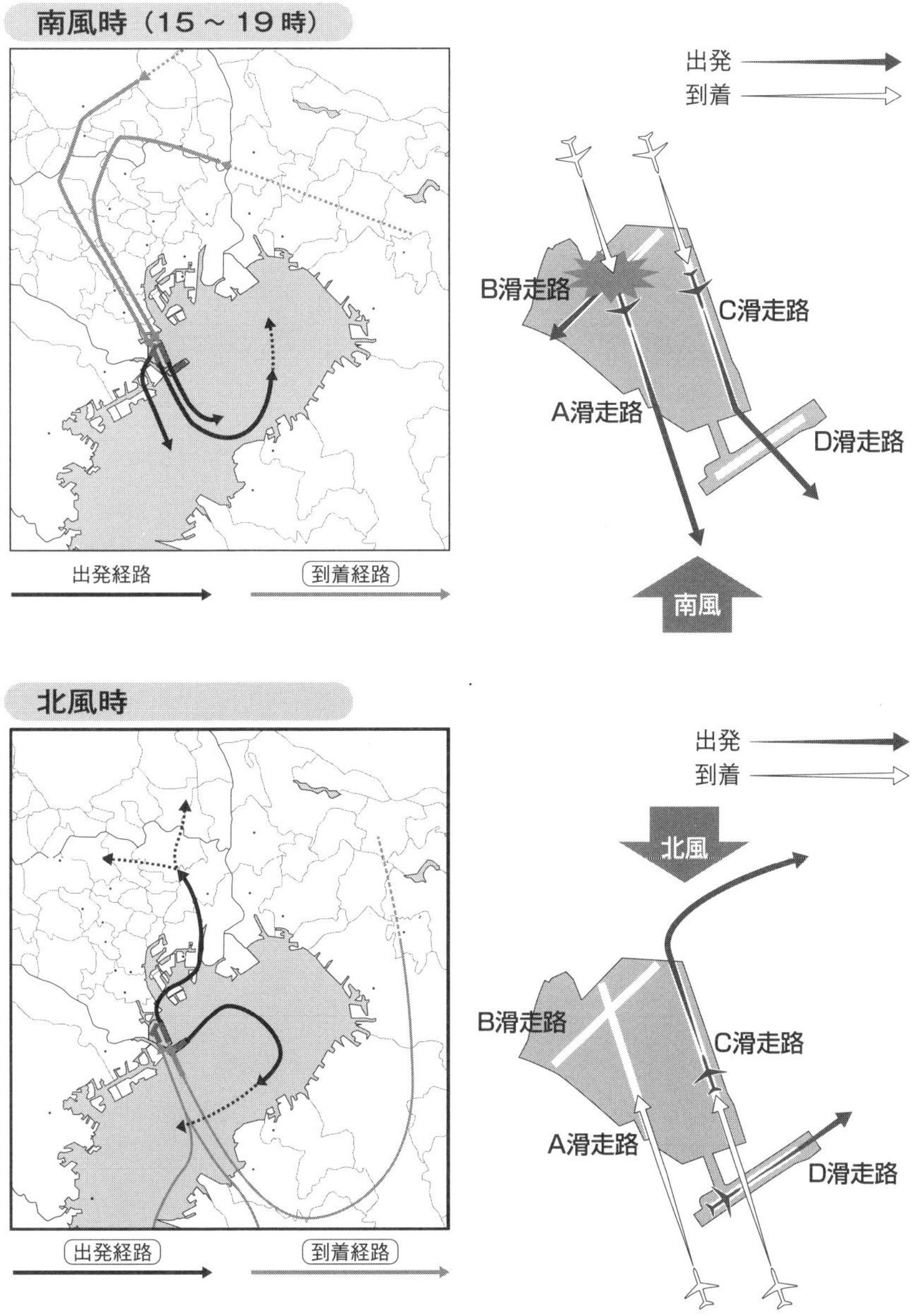
南風時（15～19時）
出発
到着
B滑走路
C滑走路
A滑走路
D滑走路
出発経路
到着経路
南風
北風時
出発
到着
北風
B滑走路
C滑走路
A滑走路
D滑走路
出発経路
到着経路

以下に悪化した状態で使用するＩＬＳ（インストゥルメント・ランディング・システム＝計器着陸装置）を使った着陸を好天下でも管制官に要求した場合、後続機の多くもその後を追うようになります。たとえば、パイロットが新ルートに不慣れだったり技能審査などで安全上の理由から管制官にＩＬＳ進入を要求すれば、管制官はそれを断ることはできないルールになっています。

ＩＬＳ進入による着陸は、最も遠回りのコースとなることに加え、管制上のルールで航空機の間隔を長くとる必要があるため、時間当たりの着陸便回数は大幅に減ることになります。

このような理由からも国交省の増便試算は、実際の運航を知る者から言えば絵に描いた餅のようにに思えてなりません。

（杉江　弘）

第2章

航空機からの落下物はなぜ発生するのか　パイロットの視点から

落下物は避けられない

誰にもわかりやすく、目に見える、航空機からの落下物について、パイロットの立場から解説してみましょう。

落下物には2つの種類あります。

1つは、部品の落下です。

2018年5月24日、熊本空港を離陸した日本航空機の左側エンジンに不具合が発生して、当該エンジンから飛散した部品が県内の益城町内に落下、地上の車両や建物の窓ガラスを損傷させるという深刻な事例が発生しました。

このような機体の重大なトラブルの場合は、パイロットは操縦席にあるエンジンの計器などによって異常を認識することができます。加えて、飛行の安定に影響を及ぼす部品の脱落は、操縦席の計器類に示されなくても、機体の異常な変化で認識することもあり得ます。

しかし、リベット（留め具）や翼端に取り付けてある放電索などの小さな部品の落下を、パイロットは認識することはできません。

もう1つは、氷塊の落下です。

雪氷や雨による水がたまった滑走路から離陸した場合に、雪氷や水分が車輪に付着したり、車輪を格納するスペースに付着することは避けられません。離陸した後に車輪を翼の下にむき出しのままたたんで飛行する航空機も増えています。大気は1000メートル上昇するごとに6℃低下しますから、巡航高度1万メートルに達すれば、外気温度はマイナス50℃ほどになっています。格納スペースにはエアコンは働かないため、地上で付着した水分は氷塊になり、降下するにしたがって氷が溶け出し、落下することになります。

進入着陸のためにスピードブレーキと呼ばれる抵抗板を出したり車輪を下ろすとその衝撃で機体全体が大きく揺れます。このときに氷塊が落下するのです。しかし、氷塊が海に落ちるのであれば被害は出ません。成田空港では北向き（340度）方向に着陸する場合は、地上への氷塊などの落下を防ぐために九十九里浜上空の手前の太平洋上空で車輪を下げる手順になっています。

氷塊の落下について、住民への説明会で質問者に国交省の係員が高圧的に「氷が格納されるというエビデンス（根拠）っていうのはどこにあるんですか？　我々は航空会社からは300～400キロで離陸するので、そこの氷は格納されず、氷は全部落ちていくと聞いています」と説明したとの報告がありました。

これは完全に間違った説明で、我々パイロットはそのような理屈は聞いたことがなく、実際

図１　成田空港周辺で確認された航空機からの落下物
＊国土交通省調査室作成資料をもとに作図

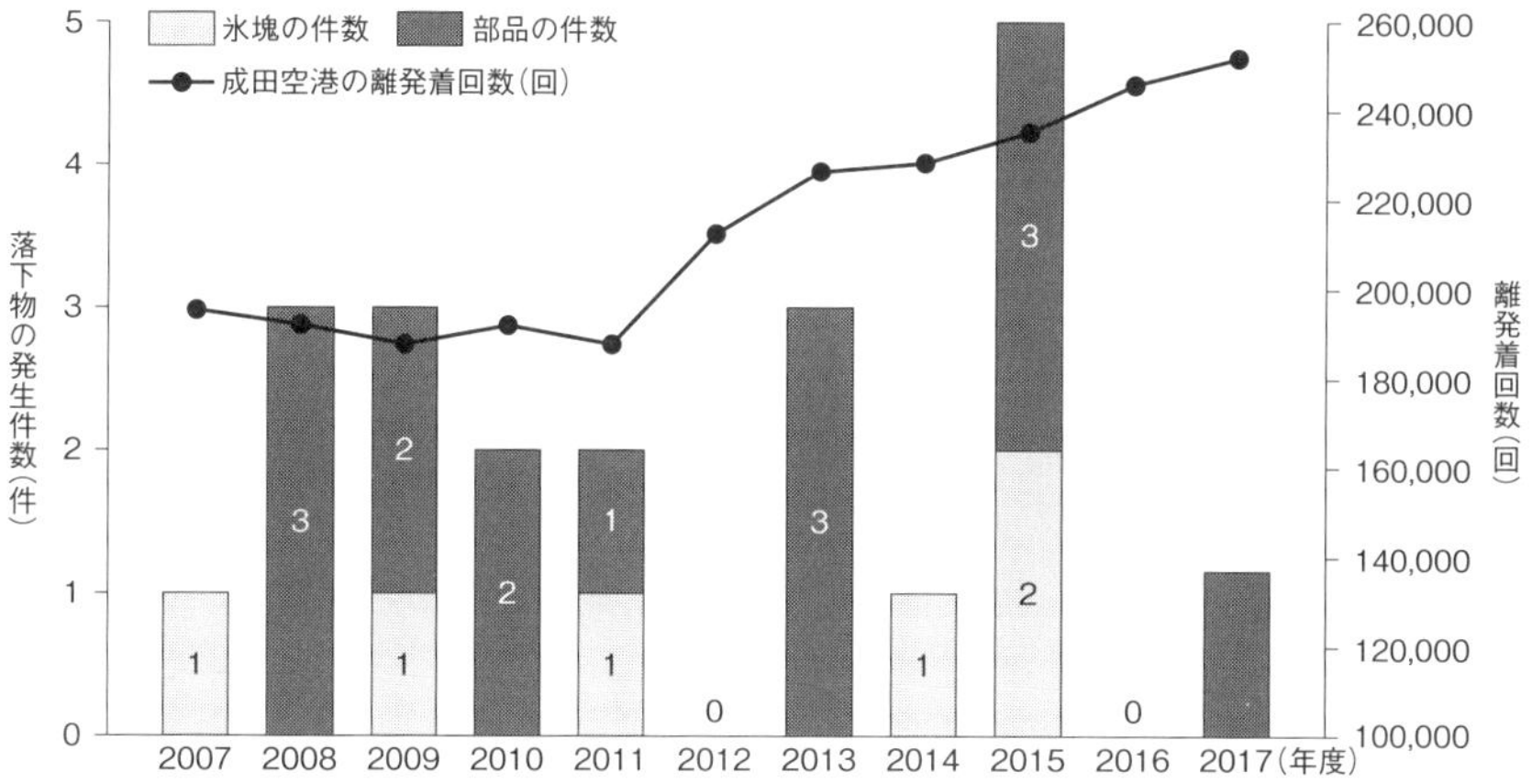

に会社から前述のように海上で車輪を下ろすように指導されてきています。氷雪滑走路の離陸で格納スペースに雪が入って上空で氷になるのは常識で、着陸後に中を見ると氷がいくつも付着しているのも目にします。国交省のパンフレットにも「成田空港においては、過去において、車輪回りの氷などが落下するのではないかとの指摘を踏まえ、点検整備の徹底など総合的な対策の一環として車輪を下す場所の調整などを行った経緯があります」と書かれているのです（「羽田空港のこれから――ご質問にお答えします」）。

この件にとどまらず、住民説明会での係員の説明は、国交省が公式に述べていない、事実に反する内容がほとんどで、注意が必要です。国交省がマンツーマンの説明方式にこだわるのは、このように他の参加者に聞かれることなく平気で嘘の説明ができるからではないか、という疑念すら浮かびます。

意味のない条件の異なる空港の比較

国交省は、過去10年間（２００８年度～２０１７年度）の航空機からの落下物発生件数は、総計で25件としています。成田空港周辺では21件〈部品16件、氷塊5件〉、関西空港周辺で1件〈部品〉、熊本空港周辺では1件〈部品〉、羽田空港周辺では0件とその内訳を公表しています。

この発表件数は、実際に落下物を発見した報告に基づく件数ですから、実際に落下物が何件あったのかについては正確にはわかりません。

国交省は過去10年間に羽田空港で落下物はゼロであったと説明していますが、これは羽田空港からの離陸・上昇と進入・着陸は海上を経由して飛行しているために、落下物が発見されていないからに過ぎません。羽田空港の離発着機の操作は、東京湾上で行なわれていますから、落下物は海に落ちてしまい、発見事例が少ないのは当然です。国交省は正確さを期すためにも主要空港とその周辺の落下物発生件数をすべて明らかにすべきです。

一般に海上空港と言われている中部空港、関西空港、北九州空港、長崎空港などと、内陸空港の新千歳空港や大阪伊丹空港、成田空港などと落下物件数を比較することで落下物の実態がわかってきます。これらのデータが明らかになれば、都心上空での低空飛行や可燃物が集中している川崎コンビナート上空の飛行がいかに安全に逆行しているかがわかります。

落下物は、基本的には離発着する便数と出発地の気象条件によって決まります。羽田空港だけがゼロなどというおよそ自然科学を無視した虚偽の説明を住民や自治体に対して行なってきた国交省の責任は重大です。

図２　部品欠落情報の重量別内訳
＊国土交通省「羽田空港のこれから」をもとに作図

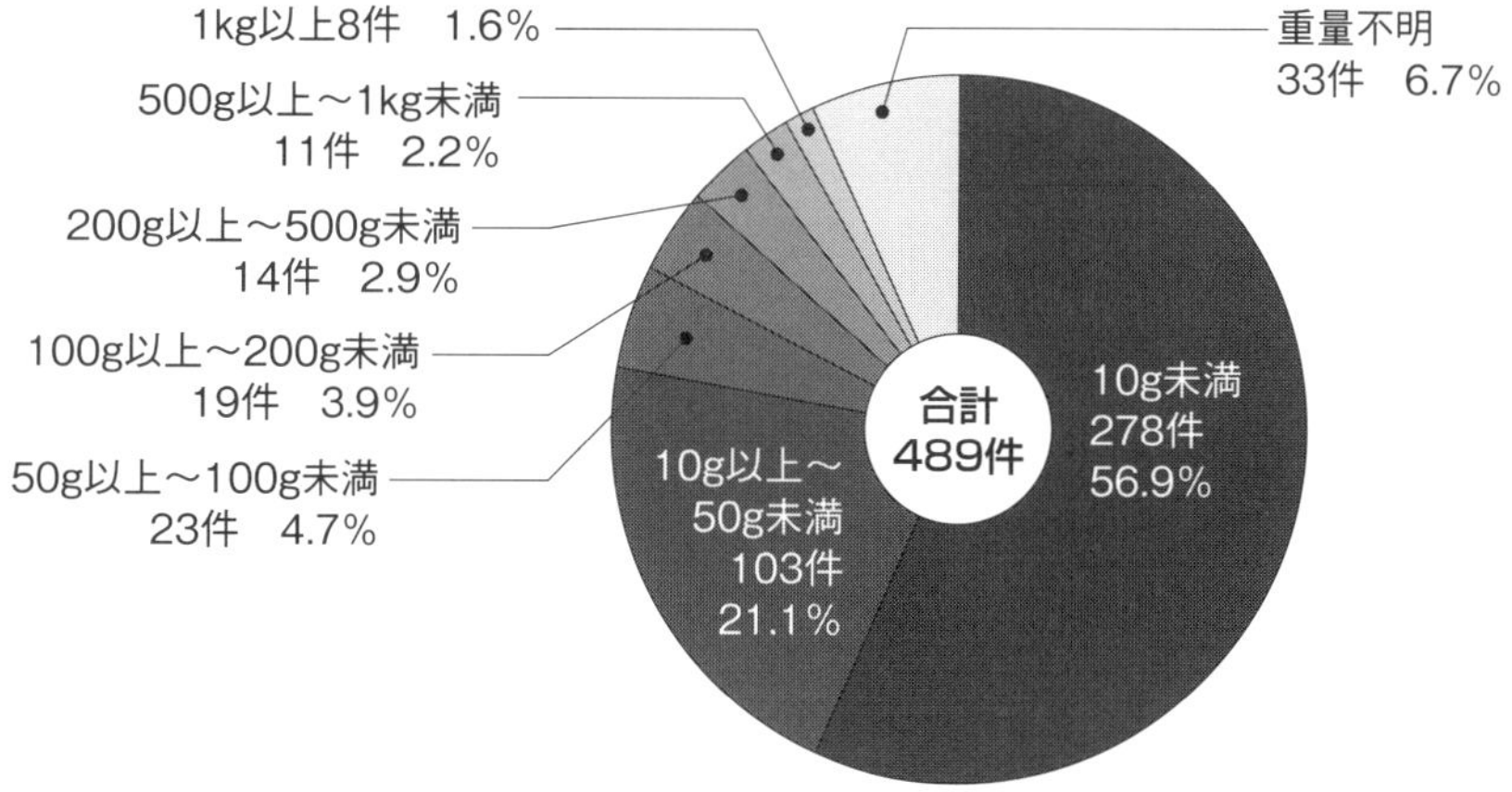
1kg以上8件　1.6%
500g以上～1kg未満
11件　2.2%
200g以上～500g未満
14件　2.9%
100g以上～200g未満
19件　3.9%
50g以上～100g未満
23件　4.7%
重量不明
33件　6.7%
合計
489件
10g未満
278件
56.9%
10g以上～
50g未満
103件
21.1%

部品の落下地点は飛行経路下に限らない

図2を見てください。国交省が２０１８年度に報告した欠落部品の総計は４８９件ですが、82パーセント余りが１００グラム未満で、約半数が10グラム未満の物体です。部品の欠落箇所と部品の落下数は必ずしも一致するわけではありませんが、軽い部品が大量に欠落しているということは広範囲に部品が落下していることを示しています。

機体から部品が落下するときの飛行高度、風向、風速によって部品の落下地点は大きく変わり、飛行経路の直下からはるかに広範囲の地域に部品が落下します。

国交省は落下物対策を強化する一方で、航空機落下物にかかわる補償の充実を掲げています。具体的には、落下物被害に対して航空会社が連帯して補償する制度、補償費用の立て替え制度、見舞金制度、また、落下物の原因者である航空会社への処分も厳格化するとしていますが、落下物防止対策についての国際基準はありません。

つまり現在の制度では落下物が発生したからといって、航空会社を処分することなどできないのです。

整備の充実宣言とは真逆の一人二役の貧しい整備体制

政府は国内外の航空会社に、落下物防止対策を義務付け、対策事例をまとめた「落下物防止対策集」を2018年3月に発表し、落下物対策の未然防止策を徹底させるとしています。しかし各航空会社はそれぞれ独自の整備基準を持っていて、そこに影響力を発揮してなにかを義務化することなど不可能です。

そもそも近年、アジアを中心に航空需要の伸びが著しいことから、深刻なパイロット不足になっていますが、人手不足はパイロットだけに限りません。整備の現場では整備技術者の不足が深刻で、路線便数の拡大に整備員の配置が追いつかないのが現状です。

たとえば、2010年に経営破たんした日本航空では、経営再建の過程で大量に人員削減を実施した影響もあり、整備の現場では「人がいない、時間がない、部品がない」というのが常態化しています。整備士のみなさんも必死で努力されていると思いますが、このような環境の下で整備士のヒューマン・エラーによる安全上のトラブルが急増しています。

国交省が毎年7月末に公表する「航空輸送の安全にかかわる情報」によれば2018年に日本国内で発生した安全上のトラブルの件数は1031ですが、その原因としてヒューマン・エラー

（昨年からヒューマン・ファクターと改名）によるものが413件となっています。そしてその内訳として整備士によるものが168件と急増している点に特徴があります。

2014年には86件だったものが年々増加して、この4年間に約2倍にもなったのです。ちなみにパイロットが原因となるトラブルは、この間、約100件前後で推移（これも問題ですが）しているのと比較しても、突出した状況になっていることがわかります。

一方で、長年にわたって航空会社の要望に沿って、人員不足を補うために政府は数々の規制緩和を進めてきましたが、今、その規制緩和の問題点が、現実のトラブルとして表面化してきています。

2017年9月7日、中国厦門《アモイ》から成田空港に到着した全日空機の到着後の点検で、非常用の脱出スライドが収納されている場所のパネル（重さ3キロ）が脱落していることが発見され、成田空港で交換して、大連に向かいました。ところが翌8日、この航空機が大連から成田空港に到着した際に点検したところ、前日と同じようにパネルが脱落しているという事例が発生しました。

こうしたトラブルが生まれる原因の1つに規制緩和の問題を指摘しないわけにはいきません。かつては、整備作業をする整備士（青いヘルメットを着用）と整備した結果を検査する整備士（黄色いヘルメットを着用）は、別の整備士でした。ところが一連の規制緩和策のなかで整備と検査を1人の整備士が（ヘルメットを被りなおして）担当することが可能になりました。自分の整備のミスを自分で発見するのはなかなか困難なことです。落下物対策を強化するためには、飛行間点検のあり方や、整備・検査制度など、規制緩和政策の見直しこそが必要です。

◆ボストン空港に進入中にデルタ航空機が落とした脱出用スライド
＊ 2019 年 12 月 3 日 AP 通信配信記事より

ついに「史上最大の落下物」事故が発生

２０１９年12月3日、米国ＣＮＮはとてつもなく巨大な落下物が民家の庭先に落下したと報じました。パリのシャルル・ド・ゴール空港を出発したデルタ航空４０５便（ボーイング７６７）が米国ボストンのローガン空港に進入中に緊急脱出用のスライドを落下させたのです。それは民家で庭仕事をしていた男性の目の前に落下、幸い直撃こそなかったものの、一歩間違えば大惨事になるところでした。

このスライド（上写真）は、翼の上から脱出するときに使用するもので、海上に着水したときにも使用できるスライドラフトと呼ばれるものでした。通常42人乗りの大きなもので、住民の男性も「持ち上げて運ぶこともできなかった」と証言しています。

このような大きな落下物が上空から落ちてきたら、人や車はもちろん、住宅をも破壊する危険があるでしょう。

デルタ航空は２０２０年４月から全便を成田から羽田に移すと決定した、米国を代表する一流会社です。そのような会社でもこのような事故を起こすことを知っておくべきでしょう。


（山口宏弥）

column 01

都庁の上へ氷塊が落ちてくる!?

都心上空を通過して着陸する新ルートを見ると、氷塊の落下について、こんな仮説が立てられます。

この問題で最も深刻な地点は、南風時の着陸ルート下にある新宿周辺です（11ページ参照）。羽田空港へ向かって飛んでいる航空機は、通常高度約１０００メートル地点まで降下したところで、着陸用の車輪を下ろします。これはほぼ都庁のすぐ横を通った地点なのです。車輪についた氷塊は、車輪を下ろす衝撃で剥がれて落下します。都庁の上空から新宿のビル群、繁華街、住宅街に氷塊が落ちてくる危険があるのです。

しかし、これは都庁周辺だけに起こる現象ではありません。大井町はもちろん、北区や練馬区、豊島区など航空機の降下していくルートでは、どこでもこの危険があります。

航空機は、決められたポイントにきちんと降下しなければならないので、パイロットは管制官の誘導に従って高度と速度を調整します。しかし管制官の誘導にミスが生じることは珍しいことではなく、急降下しなければいけないケースもよくあります。降下の際に、ドォーと大きな振動を体験した方もいると思います。スピードブレーキと呼ばれる主翼の後部についている抵抗板を上げて急降下するのですが、その振動も大きく、そのときにも氷塊が落ちる可能性があるのです。

海上を通って進入する場合、パイロットは左のようなチャートに沿って降下していきます。

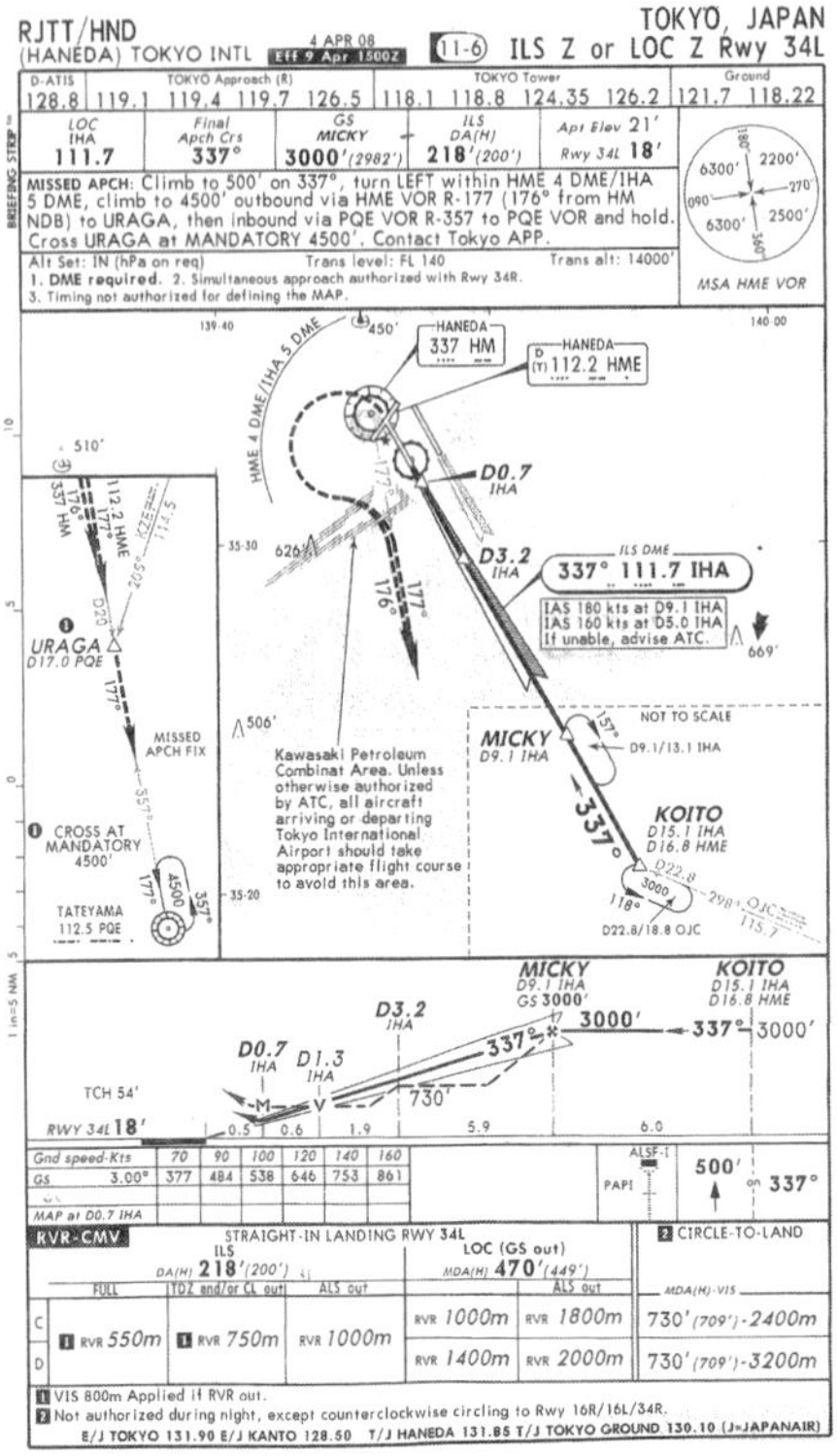

◆パイロットが進入着陸に使用するチャート
＊筆者提供

しかし、これには、脚を下ろすタイミングが指示されておらず、そもそも実際のフライトではこの通りにいかないことが少なくありません。海上で脚を下ろすのを忘れたまま着陸準備を進めてしまうことも、よくあります。「できるだけ海上で脚を出してください」と指導されますが、実際に忘れずに操作することはそう多くはありません。（杉江　弘）

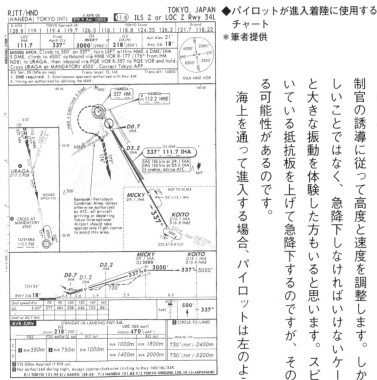

根拠のない騒音想定がされている

大井町での最大80デシベルの根拠

航空機からの落下物という誰にもわかりやすい問題に続いて、体感できる騒音問題を考えてみましょう。都心の人口密集地を低空で飛行するのですから、相当な騒音被害が出るだろうことは誰でも想像できることだと思います。国交省は、羽田沖から進入してきた航空機の騒音は、品川～大井町の辺りで最大80デシベルになると明言しています。80デシベルという音量は、パチンコ屋の店内レベルだと言われています（48ページ、図1）。

では、この騒音値をどうやって算出したのか、その方法を国交省へのヒアリングの機会に確認しました。本来、騒音値を出すためには、実用機を使い、機種別、着陸重量別にいくつか実際に飛ばして、実測で○○デシベルと決めることが必要だからです。

また、今はシミュレーション技術がとても進化していて、シミュレーターを使って実測に近似の騒音値を推定することもできます。たとえば、大井町の高度1000フィート（約300メー

図１　一般的な騒音レベルの例

騒音レベル（デシベル）	身近な騒音	うるささの目安
120	・航空機のプロペラエンジンの近く	聴力機能障害をきたす程度 ◆会話は不可能
110	・自動車のクラクション（前方2m）	
100	・電車が通るときのガード下、地下鉄の構内	極めてうるさい ◆会話はほとんど不可能
90	・カラオケ音、騒々しい工場の中	
80	・走行中の電車の車内、パチンコ屋の店内	うるさい ◆大声で0.3〜1m以内で可能
70	・騒々しい事務所の中	
60	・静かな乗用車、通常の会話	日常生活で望ましい範囲
50	・静かな事務室	
40	・深夜の市内、静かな日中の住宅地、図書館	静か
30	・深夜の郊外、ささやき声	
20	・木の葉のふれ合う音、小さな寝息、雪の降る音	

トル）上空で航空機を停止させると、そのときのエンジンの出力が何パーセントというデータが出てきます。この数値をエンジンメーカーなどに示すと、騒音値を計算することは可能なはずです。国交省はこうしたシミュレーターによる検証も試していませんでした。

驚くべき答え

着陸重量別に実機も飛ばしていない、シミュレーターでも確認をしていないということです。

「では、どうやってこの値を出したんですか？」と担当者に聞いたところ、驚くべき答えが返ってきました。

「たとえばボーイング７７７の場合、全国でいくつか飛んでいます。そこでアトランダムに空港と便を選び、そのときの音を計測して、それを平均して参考にした」と言うのです。

騒音は航空機の大きさが同じでも、たとえば同じボーイング７７７でも、進入するときの着陸重量の大きさによって異なります。着陸重量が大きいとエンジンの出力をたくさん出す必要があるため、大きな騒音が出ます。

着陸重量のほかに航空機の騒音にかかわってくる大きな要素が、もう1つあります。着陸の際には、フラップという翼の後ろにある高揚力装置を出します。板を出して速度を遅くするのですが、フラップの角度は2種類あり、深い角度ではエンジンの出力が大きくなり、騒音レベルも高くなります。つまり、全国各地で計測したとしても、せめて便ごとの重量別、使用フラップ別、そのときの気象条件別にデータをまとめて資料として提示してもらう必要があります。それらを見ないと、これまで公表されてきた都心ルート下での騒音値の合理性が見えてこないのです。

「最大」80デシベルは嘘だった

もう1つの問題点は、最大80デシベルという数値についてです。最大ということは、これ以上は超えないということのはずです。航空機が着陸態勢に入った際は、パイロットが降下角を調整するために、エンジン出力を上げたり、下げたりします。加えて風速や風向が変わると、進入速度が変わりますから、速度が遅くなったらエンジン出力を上げます。そうやって高度を下げながら滑走路に進入していきます。

このような操作をしていますから、瞬間的には80デシベルを超え、100デシベルなどの音になることもあるだろう、と国交省の担当者に問うたのです。すると、担当者は「それはあります」と答えました。だから「最大」という断言はおかしいのです。

しかし、なぜ今まで実測をしてこなかったのでしょう。実際に航空機を飛ばしてみれば、実測の騒音値が把握できるはずです。国交省の言い分は「（ＩＬＳの）電波がないから（飛行）できない」というものでした。

私は、あるテレビ番組の企画で、今回の都心新ルートを民間の会社のシミュレーターを使って飛んだことがあります。現役時代に操縦していたのは、主にジャンボ機（ボーイング７４７）だったので、トリプルセブン（ボーイング７７７）を操縦するのは初体験でした。初めての機種で、初めてのルートで都心上空を飛ぶのです。一体どうやって飛ぶんだ⁉　と戸惑いましたが、一発でできました。なぜなら都心上空から羽田空港の滑走路が見えていたからです。このテレビ番組の実験飛行では、都庁や東京タワー、都心のビル群を見下ろしながら羽田に向かって４回着陸しましたが、滑走路を目視で確認できれば、試験的に簡単に航空機を飛ばすことができるのです。

実測を行なうと言うが

国交省は２０１９年11月16日に民間の定期便を実際に飛行させ、管制官による手順などの確認作業を２０２０年１月30日から実施すると発表しました。飛行は北風と南風が吹いた際に分け、3月11日までの期間中、それぞれ７日間程度を見込み、南風でC滑走路に到着するケースでは１時間あたり30回程度実施されます。そして都内や川崎、さいたま両市などに新たに設置した騒音測定器もチェックするとしています。これにより、初めて実用機での騒音測定が行なわれることになるようです。

しかし、これまでに述べたように、毎回、着陸重量や使用フラップの開度、それに気象状態が異なる便のデータをどのように科学的に分析して合理的な説明につなげるかは未定です。住民や自治体に説明として使用するデータは機種ごとの最大着陸重量で深いフラップ使用の下で計測されたものでなくてはなりません。

降下角の影響はあるのか

さて、都心を低空で飛行するという新ルートの説明に際して、国交省が最後の段階で出してきた「騒音対策」なるものは、滑走路に進入する際の降下角を好天時は、これまで言ってきた3度から3・5度に変更するというものでした。

降下角の0・5度の変更が実際の航空機の操縦にどんな影響があるかは、後ほど詳しく説明しますが、国交省は航空機の「降下角を通常の3・0度から3・5度にすることで、新宿や中野ならだいたい400フィート（約122メートル）、大井町では100フィート（約30メートル）高度が上がり、騒音被害は軽減される」と説明してきました。しかし、どれだけ騒音値が減るのかということは、どこにも書いてありません。ヒアリングでも答えていません。

説明会で示した図にも、騒音想定の記載がありません（図2）。羽田に向かって飛んできた航空機は、中野駅付近または新宿駅付近から高度を下げていき、最終的に大井町駅あるいは大井ふ

図２　新到着経路の降下角の引き上げを説明する資料
＊国土交通省「羽田空港機能強化に向けた追加対策」より

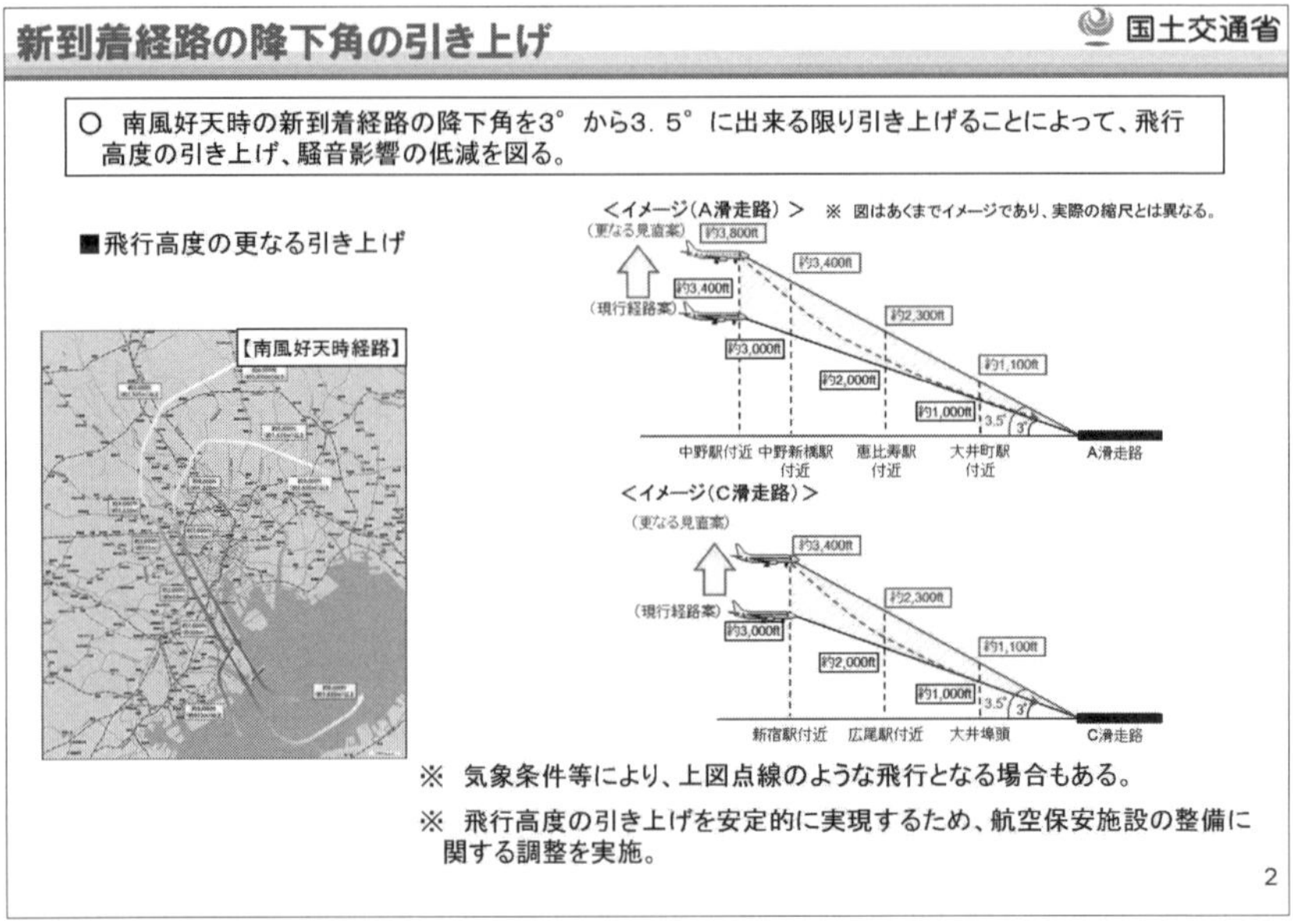

頭でＩＬＳの３・０度の角度に合流するような点線が書かれているだけです。

２０１９年11月に国交省の出した住民説明用資料「羽田空港のこれから」（v.6.0）には、一般に高度を１０００フィート（約３００メートル）上げれば騒音は２～４デシベル低下すると書かれています。けれど、なぜ２～４デシベルと幅をもたせた書き方をするのかについては説明がありません。

音響の専門家によると、ヒトは４デシベル以上の変化がないと音量が変わったことを認知できないそうです。大井町あるいは大井ふ頭では、わずか30メートルしか高度が高くならないため、変化量もその10分の１という計算になり、いずれにしても３・５度にしたからといって、住民が騒音値が低くなったと感じられるものではないことは明らかです。

ちなみに、国連の航空部門であるＩＣＡＯ（国際民間航空機関）やパイロットでつくるＩＦＡＬＰＡ（国際定期航空操縦士協会連合会）では、長年の研究から航空機が進入するときの角度を変えたからといって騒音値にヒトに影響を与えるほどの変化をもたらさないという結論に至っていることも参考になるでしょう。（杉江　弘）

column 02

パイロットと航空機の騒音

航空の安全については、ＩＣＡＯ（国際民間航空機関）が長年にわたって議論を重ねてきました。その結果、２００６年に「航空安全とは、あらゆる不安全要素を日々、調べ上げ、分析し、その排除に向け絶え間なく取り組まれている状態」と定義づけられました。公共交通機関の使命は「安全と公共性」ですから、航空機の騒音問題なども公共性の分野の一つです。

パイロットは定められた飛行方式や規則を忠実に守りながらフライトをします。それは国際基準や航空法、施行規則などに基づいた飛行を行なうことによって、安全が担保されているからです。

パイロットにとってフライト中に最も気になるのが目的地の天候です。ヨーロッパや米国東海岸など飛行時間が12時間にも及ぶフライトでは出発時の予報が必ずしも当たるとは限りません。また東南アジア路線などでは天候の急変で激しいスコールに見舞われることがたびたびあります。さらにパイロットの関心事は目的地の空港の特徴です。大都市の過密空港であったり、空港周辺の障害物や地形のために、特別な飛行手順や管制が行なわれている空港ではとくに神経を使います。

騒音に関して言えば、ほとんどの空港で離着陸時には騒音軽減方式によるフライトが実施されています。離陸時のエンジンの推力の軽減、フラップ操作のタイミングなど、騒音軽減のために規定された手順で行なわれています。離陸時は定められた推力で上昇しますが、進入・着陸の場合には風向や風の強さ、またフラップや車輪を下げるときなどスピードが大きく変化します。そのたびにパイロットは、機体を失速させないように安全上定められたスピードを保持するため大きく推力を変化させることがたびたび起こります。このような場合にパイロットが地上での騒音を考えて航空機を操縦することはありません。

つまり、進入・降下経路の下では、計算された騒音値を超えることは常に起こり得ることなのです。道路ではスピードを監視することでスピード違反の抑止力となりますが、航空機の場合は飛行経路下に騒音測定器を設置しても、意識して操縦するパイロットは皆無といってよいでしょう。それは、パイロットは常に自機の安全を最優先するからです。

国交省は騒音の実態把握や情報提供のために常時モニタリング測定局をこれまでの16局から32局に増設するとしていますが、あくまでも騒音の測定であって、騒音軽減策にはなりません。

（山口宏弥）

第4章

羽田は世界一着陸が難しい空港になる

国交省が最後に出してきた「降下角の引き上げ」は横田空域が原因

２０１９年7月30日、東京都副知事が関係自治体の副区長と副市長を集めた会合で、国交省は「さらなる騒音対策」を追加することで「新ルート案」の了承を求め、とくに反対意見が出なかったとして、自治体への説明は終了し、正式決定となりました。

このときに出された「羽田空港機能強化に向けた追加対策」という資料のなかで、国交省は、前掲図（52ページ）を示し、着陸時の降下角の引き上げを表明したのです。かねてから品川区と渋谷区の区議会や市民団体などから騒音についての対応を迫られていたことに対する、「最後に」表明した「追加対策」というかたちでした。

「最後に」というのは、２０２０年3月末からの夏ダイヤで「新ルート」を実施するためには、計器飛行に必要な設備の電波の検査飛行や、世界各国への告知などの手続き上、正式決定のタイムリミットが２０１９年8月だからでした。

しかし、この「３・５度（正確には３・４５度）の降下角」への変更は、騒音対策にならないこ

◆新ルートと横田空域の関係を示す大手航空会社の内部資料の一部

> 2-2.【飛行方式】RNAV 進入
> RNAV 進入は FAF 通過後、3.45°の降下角で公示されている。これは RNAV(GNSS) Rwy16R の FAF である、[T6R76]が横田空域内に位置している事に起因しており、横田空域内の Traffic と垂直間隔を確保する必要があるため FAF である[T6R76]に 3,800ft At or above という制限が付されている。FAF から Threshold へ直線で結ぶと約 3.45°の降下角となる事から、FAF 以降の降下角が 3.45°の RNAV 進入となっている。
> 一方、Rwy16L の RNAV 進入の経路は横田空域には抵触していないものの、Rwy16R の経路と横方向で 2km も離れていない事から、経路近傍の地元住民への騒音軽減の公平性の観点から Rwy16R 同様に 3.45°での公示となっている。

とはすでに述べた通りですが、そもそも世界一着陸が難しくなるほどの急角度での進入をここにきて持ちだしたのは、２０１９年1月の日米当局による横田空域の使用の話し合いのなかで米国から出された条件という可能性が濃厚になってきました。

２０１９年7月25日付けで、大手の航空会社がパイロットなどに向けた飛行方式の資料を発行しています。そのなかで滑走路への進入方式の1つであるＲＮＡＶ進入について詳しく書かれていますので、それを私の注釈を入れて紹介します。

「ＲＮＡＶ進入はＡ滑走路へＦＡＦ（最終進入地点）通過後３・４５度の降下角で公示されている。これはＦＡＦである『Ｔ６Ｒ７６』が横田空域内に位置していることに起因しており、横田空域の Traffic と垂直間隔を確保する必要があるためＦＡＦである『Ｔ６Ｒ７６』の通過高度を３８００フィート以上という制限が付されている。ＦＡＦから Threshold（滑走路端）までは（直線で結ぶ）約３・４５度の降下角となる」

「一方、Ｃ滑走路へのＲＮＡＶ進入経路は横田空域には抵触していないものの、Ａ滑走路の経路と横方向で2キロも離れていないことから、経路近傍の地元住民への騒音軽減の公平性の観点からＡ滑走路同様に３・４５度での公示となっている」

つまりＡ滑走路への最終進入地点（降下地点）は３８００フィート以上という条件があるため（米軍機はその下を飛行）、結果的に３・４５度の降下角になったというのです。

◆パイロットに配布される予定のA滑走路への
RNAV進入チャート

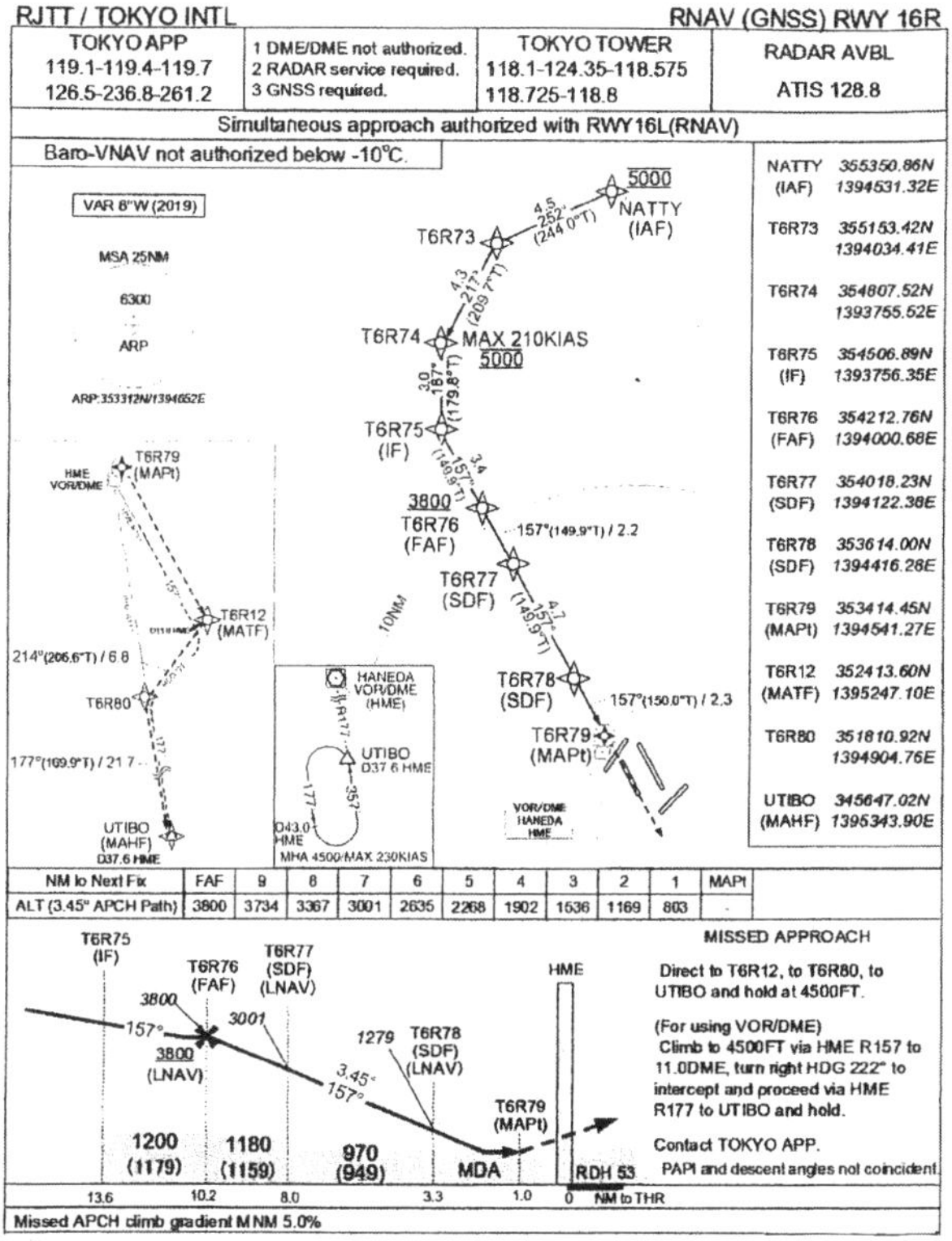

そもそも進入チャートで表示する降下角は3・0度とか3・2度というように小数点以下10分の1単位で表示されるものなので、今回の3・45度という細かい表示は極めて異例なことです。

なぜ、そのようなことをしているのでしょう。

それは滑走路端からFAFへと線を引いた結果であると考えています。仮に3・5度で引くと、今度はFAFの高度が、たとえば3840フィートというように半端な数字となり、これもチャートで使用できなくなります。それに対応した苦肉の策として、世界で初めての使用となる3・45度という降下角の表示となったのではないかというわけです。

これが世界に例のない急角度のRNAV進入を導入する理由であったのならば、自治体へ説明していた騒音軽減のためというのは嘘だったということになります。

図1　新到着経路の降下角の引き上げを説明する資料
＊国土交通省「羽田空港機能強化に向けた追加対策」をもとに作図

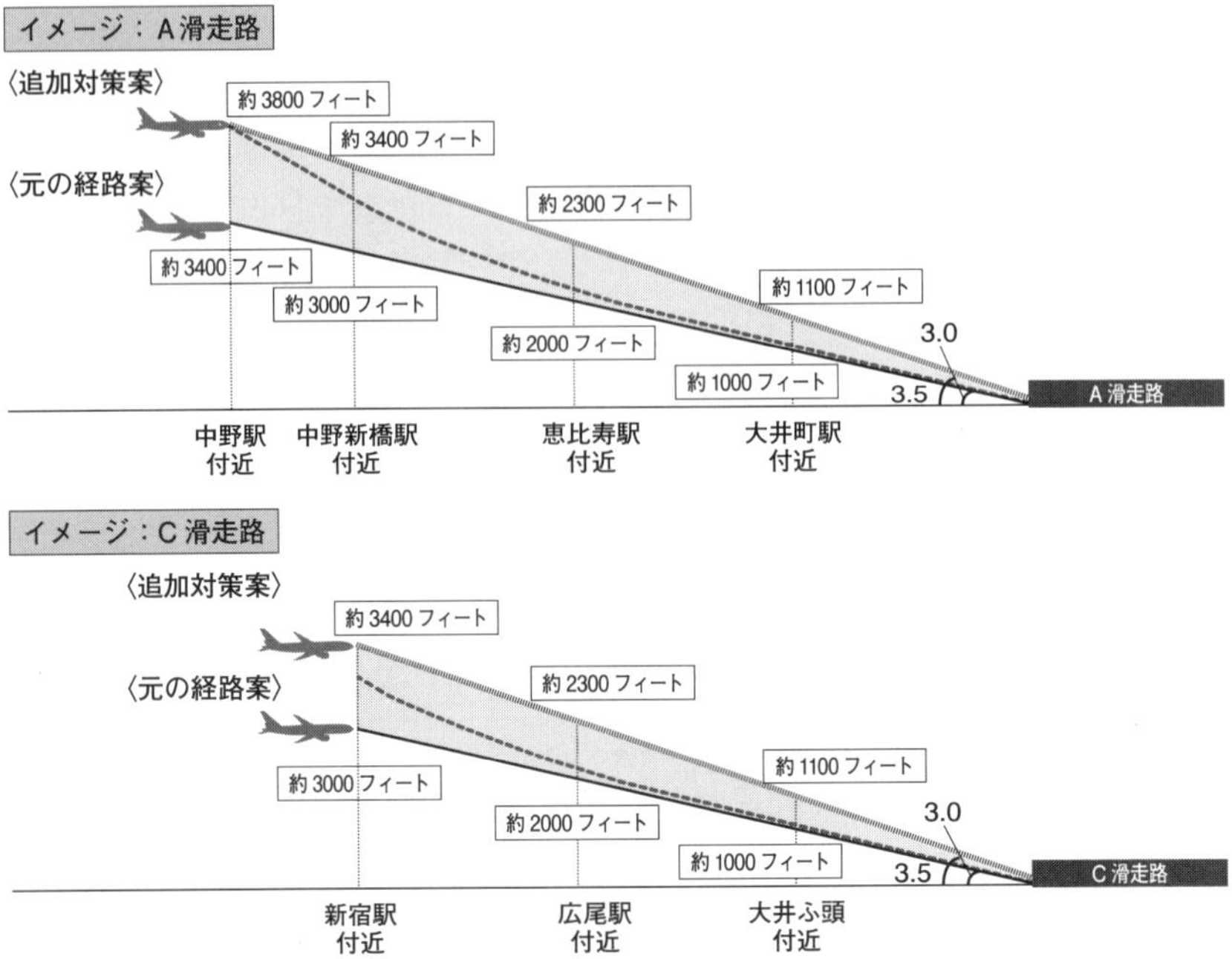

イメージ：A 滑走路
〈追加対策案〉
〈元の経路案〉
約 3800 フィート
約 3400 フィート
約 2300 フィート
約 1100 フィート
約 3400 フィート
約 3000 フィート
約 2000 フィート
約 1000 フィート
3.0
3.5
A 滑走路
中野駅付近
中野新橋駅付近
恵比寿駅付近
大井町駅付近
イメージ：C 滑走路
〈追加対策案〉
〈元の経路案〉
約 3400 フィート
約 2300 フィート
約 1100 フィート
約 3000 フィート
約 2000 フィート
約 1000 フィート
3.0
3.5
C 滑走路
新宿駅付近
広尾駅付近
大井ふ頭付近

2つの着陸方法

降下角の変更の問題点を理解するために、まず航空機の2つの着陸方法について、簡単に説明しておきましょう。

図1では、羽田空港への進入方式として2通りの方法が示されています。

1つ目は、南風の悪天時を想定したILSアプローチと呼ばれる、計器着陸装置を使った進入方式で、地上の施設から着陸コースと3度の降下角を指示する電波が出され、それに従って降りてくるというものです。これが、図1では下側に黒い実線で示されています。

2つ目は、天候が良好なときの進入方式で、ILSの電波を受信して降りるのではなく、機長がFMS（フライト・マネジメント・システム）というコンピューターでＧＰＳからの情報を利用してコースと降下角を設定して降りていくという方法です。ＲＮＡＶアプローチと呼ばれる方法ですが、国交省はこの際、降下角を３・５度に引き上げて、騒音対策とするというのです。

この進入方式を採用するときのコースと角度が上側の太い斜線で示されています。中間にある破線は、パイロット用のチャートには公式に表示できないメモ的記述ですが、最終降下地点から一度急降下して途中で３度に合流する案です。

まるでジェットコースターのような急降下

３度、３・５度の降下角といっても航空機を操縦したことのない方には、なかなかその問題点が理解できないかもしれませんが、航空界では１９７８年以来、安全性と騒音の観点から降下角について検証を重ねた結果、世界の大空港では３・０度が適当とされ、今日ではそれが進入着陸時の降下角での常識になっています。大空港のＩＬＳアプローチ（計器着陸装置を使った進入方式）を使った際の降下角はほぼ１００％、３・０度が採用され、航空会社のパイロット訓練も３・０度で行なわれています。

大空港での例外は、ドイツ最大規模のフランクフルト空港の３・２度で、世界一着陸が難しいといわれた香港（旧）啓徳《カイタク》空港の「ホンコン・アプローチ」といわれていた市街地上空飛行でも降下角は３・１度でした（コラム３、67ページ参照）。ちなみに、フランクフルトでは２本ある長い滑走路のうち、1本でしかも時間帯を制限したなかでの運用となっています。そして実際に飛んでいる現役のパイロットは3・2度では着陸にかなり神経を使っていると言っています。

実際、読者のみなさんは、世界標準の3・0度からわずか0・5度引き上げだけで、大したことはないのではと思われるかもしれませんが、コックピットから滑走路に降下するときの実感で言えば、0・5度上げただけでも、地面に突っ込んでいくような感覚が生まれるのです。スキーで言うと、初級・中級者ゲレンデで滑っている人が、上級者用の30度くらいの斜面を見下ろしたとき、谷底に落ちていくような恐怖感を覚える、そんな感覚といったらよいでしょうか。

2・8度前後で降下していた時代を知っている私からすると、3・0度でも高いと感じています。航空機が滑走路に進入していく際、降下角が緩い方が、着陸が容易なのです。緩い角度で飛んできて、滑走路の手前で接地のために操縦桿で機首を上げて降下率を少なくして、減速して、うまくストーンと着陸するわけです。この操縦をフレアーと呼びますが、降下角が高いほど、操作は難しくなります。フレアーにはかなりの技量が求められ、機首を引き起こすタイミングが少しずれると、事故やハードランディングにつながることになります。

着陸の難しさは航空会社も公式に認めている

3・5度のRNAV進入の危険性は、私だけでなく、先に引用した大手航空会社の新ルートにかかるパイロットなどに向けた飛行方式の資料のなかにも記述されています。

「今回のRNAV進入のデメリットと課題として1000フィート（約300メートル）以下での降下率が毎分900～1100フィートとなる場合がある。自動操縦を解除後、機首下げにより降下角を（3度の）PAPI（進入角指示灯）表示に整合させようとした場合に、降下率がさらに増加する危険性がある」という主旨が明記されているのです。

さらに国交省の要望に沿うかたちで途中（約1500フィート付近）で3・0度の角度に会合する方式の運用のデメリット、課題の項目で「高降下角でのアプローチに於ける降下率調整感覚の習得が必要である。3度のパスへ会合後も（ILSの）グライドスロープデータをフォローするように降下率を調整する必要があり操作が煩雑である」などと注意しています。

これらの意味するところは、今回の急角度のRNAV進入はオペレーション・マニュアルで定めたスタビライズド・アプローチの基準（降下率毎分1000フィート以内、69ページ参照）を満足しないことがあること、操作が難しく、訓練などそのための技術の習得が必要と断定していることです。

この資料については「発行時点において航空局の関係者と一部の航空会社のみに展開されている情報であるため、情報の取り扱いにはご配慮下さい」とあるので内容は国交省の航空局と共有されたものであることは明らかです。にもかかわらず国交省が発行する「羽田空港のこれから」というパンフレットでも一切のデメリットを記載せず、パイロットの訓練も不要と言い張っています（2019年12月時点）。いったい、どちらが真相を語っているのでしょうか。

3・5度の降下角の空港があるという嘘

国交省は、国内では稚内空港と広島空港、外国ではサンディエゴ空港など20空港で降下角3・5度の例があると強調しています。しかし、稚内空港と広島空港は、超短波無線を使った旧式の計器進入方式であるVOR進入を採用しているので、今回のRNAV進入と比較できるものではありません。しかも両空港とも3・5度は進入途中の一時的なもので、最後の着陸は目視で3・0度で降りるものです。

サンディエゴ空港は、デルタ航空のパイロットによれば、大型機は飛来せず、進入域には人口密集地がなく、しかも実際には有視界飛行で降下角3・0度で進入していると証言しています。広島空港の資料を見ると「RNAVアプローチ」では、降下角が3・0度と記載されています。このようにローカル空港であったり、別の進入方式であったり、大型機の飛来しない空港を例に「羽田でも（3・5度で）大丈夫」と主張する国交省は、降下角を高くする危険性を本当に理解しているのかという疑いを抱かざるを得ません。2015年、アシアナ航空が広島空港においてRNAVアプローチで着陸事故を起こしたときも、降下角は3・0度でした。国交省の説明は、嘘とも欺瞞ともいえるものです。

役人の期待とパイロットの現実

国交省は3・5度の危険性を知っているため、本音では、58ページ図1の破線のように最終降下地点から一度急降下して途中で3・0度になるように希望しているのですが、それだと降下するためにエンジンのスラストレバーを引いて（降下角が3・77度になる）、東京の人口密集地に急角度で突っ込んでいく感覚になります。この感覚には長年フライト実績があるパイロットでも恐怖を感じることになるでしょう。

私は香港の空港に何度も着陸していますが、あまり腕のよくないパイロットほど下を見てしまいます。ふと下を見てしまったパイロットたちが、眼前に林立するビルやマンション群、屋上に洗濯物が干してある人家を見る、すると怖くなって、つい高度を上げようと、操縦桿を引き上げてしまいます。そうすると高度が上がって最後に大きな修正が必要になり、滑走路にドカーンと着陸するハードランディングや尻もち事故、オーバーランをしてしまうのです。

人間の脳は、水平方向の距離を判別する能力はあるのですが、上空から高さを正確に判別することができません。優秀なパイロットでも機体が地上のビルの屋上からどのくらい離れているのかを判断することは難しいのです。この垂直方向の距離感を認識できないことが、恐怖感を生むのです。

そのため国交省の思惑に反して、とくに外国の航空会社の多くのパイロットは、都心の地形に慣れていないため、3・5度の指示を自動操縦装置に入力して滑走路まで進入することでしょう。

アプローチ（進入）方法を決めるのは誰か

降下角が3・0度になるILSアプローチは「天気の悪い時だけ採用する」と国交省は説明していますので、ヒアリングの際に、「もし、パイロットが天気のよいときに、ILSを要求したらどうするのですか？」と私は質問したことがあります。

ILSアプローチは電波に従って3・0度で降りていけば安全ですから、東京都心に不慣れなパイロットや本当に慎重なパイロットは、ILSアプローチを選択するでしょう。パイロットからの要求に対して、管制官は必ずそれに応じなければならないという原則があります。つまり、管制官が「ダメです。RNAVでやってください」と指示することはできないのです。

たとえば、ある航空機が羽田空港着陸に際して、ILSアプローチを要求したら、航空機は埼玉県の方から回り込んでいくことになりますが、その際は他の航空機を手前で旋回させると危ないので、後続機をILSアプローチのルートに管制していくことになります。そうすると滞空時間が延び、発着の回数は極端に制限されます。

私の体験でも、天気は快晴、まもなく関西国際空港に着くという時点で、外国の航空機が管制官に「リクエストILS」と要求しました。周囲にいた航空機も有視界飛行していましたから、それらのパイロットたちも頭を抱えたものです。

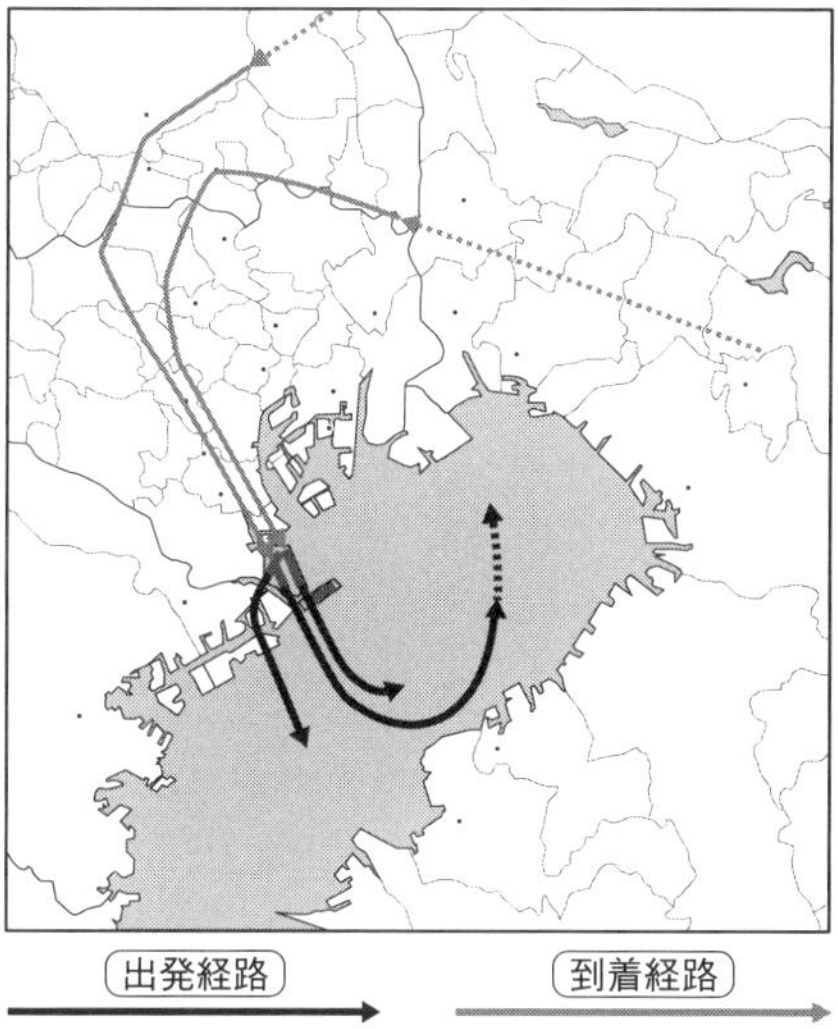

図２
南風好天時の新経路（3ページ参照）

つまり１機が南西側へのＩＬＳアプローチを要求すれば、すべての航空機が淡路島と神戸空港上空を経由する遠回りするルートをとらなければならなくなります。それによって燃料も時間も余計にかかります。

国交省の担当者は、私の質問に対し、はじめは黙っていましたが、「（管制はＩＬＳのリクエストを）拒否できないでしょう？」と問うと、「できない」と認めました。

ニアミスを誘引する危険な「Ｗ－ＲＮＡＶアプローチ」

図２はＲＮＡＶアプローチの進入コースを示したものです。

図でわかるように、２機が並行して飛んでいますが、どちらも急旋回をして着陸体制に入ります。管制官は、ＧＰＳ（地球上の現在位置を測定するためのシステム）で決めた任意の２地点に誘導していきます。

国交省の説明では、２機の間隔は「１０００フィート（約３００メートル）の高度差をつけているから大丈夫」と強調しますが、とても危険な状態です。パイロットがナビゲーションでミスを犯したり、急旋回をするときに、十分に速度を落としていないと旋回半径が大きくなり、ニアミスが起こる危険性が生まれます。

RNAVを2つやるという意味で、私たちは「W（ダブル）－RNAVアプローチ」と呼んでいますが、羽田空港で採用されるこの進入方式は世界で初めてのものです。

羽田空港に着陸するために、なぜ「W－RNAVアプローチ」をやるのでしょうか。

実は羽田空港の滑走路の設計が、2つの平行する滑走路が両方とも南北に向いていて着陸機がいずれも東側から進入するという設計になっているからです。一般論でいえば、片方の滑走路には東から、もう片方には西から進入するかたちに設計すればいいのですが、米軍の横田空域という制限があるために、西側からの飛行が一切できないのです。ですから、2機が滑走路に進入する際、最初にほぼ同じ場所に2つの進入ポイントを設定しなければならず、ニアミスの危険があるのです。

この「W－RNAVアプローチ」について、管制官も非常に不安に思っています。実際に管制官は、2020年3月末までわずか1カ月か2カ月間の訓練で、この誘導をしなくてはならないのです。W－RNAVという世界初の進入方式に加え、大都会を見下ろしながらの降下角3・5度という、これも世界で初めての事例になります。こういったものを大都会で、まるで実験するかのようにやろうとしているのが、今回の新ルートの特徴なのです。

（杉江　弘）

＊本番運用を目前にして、IFALPA（国際定期航空操縦士協会連合会）やIATA（国際航空運送協会＝主要な国際民間航空会社が組織する業界団体）が3・45度という急降下角の運用面で多くの安全上の懸念を表明し、IATAとデルタ航空が直接国土交通省を訪れ協議が続いています（2020年3月18日現在）。

column 03

世界一着陸が難しかった香港の（旧）啓徳空港でも降下角は「3・1度」

パイロットにとって、世界で一番着陸が難しいとされたのは香港の（旧）啓徳《カイタク》空港でした。とりわけ滑走路13（13は磁方位130度の意）へ山側から進入する方式は、通称「ホンコン・アプローチ」と呼ばれ、乗客もそのスリリングな光景に一喜一憂したものでした。

DC－8の時代から何百回と香港線に乗務し、1997年、英国領時代最後の日本～香港のラストフライトをしたこともあり、思い出深い空港です。密集したビルやアパート群の上空をスレスレに飛んで、最後に大きく右旋回すると、すぐ目の前に滑走路が現れるホンコン・アプローチはパイロット泣かせでした。

進入中、下を見ると高層アパートの屋上に干してある洗濯物を引っかけてしまうような錯覚に陥り、つい操縦桿を引き上げてしまう。そうすると最後に大きな高度の修正が必要となり、ハードランディングや尻もち事故につながるのです。後進の指導のときには、絶対に下を見ないで、目標の滑走路だけに集中するように強調したものです。

啓徳空港では乗務するパイロットは、現地でタッチアンドゴーの訓練を行ない、教官から合格のサインをもらうことが必要でした。日本航空では啓徳空港は「特殊空港」扱いとされて、技術的に問題のないパイロットだけが乗務を許されたのです。

私はこの例を挙げて国交省の責任者に今般の世界の大空港で例を見ない3・5度という急

◆香港・旧啓徳空港に向かって市街地の上空を飛ぶ着陸機
＊撮影：筆者

角度の進入について、各国の航空会社に事前にシミュレータなどによる訓練を課す方針があるのかと質問しましたが、答えは「特段考えていない」というものでした。

啓徳空港への進入は3・1度でしたが、羽田空港への進入はそれよりもさらに高い3・5度です。安全に着陸を果たすためには相当の技術を要します。事前に訓練を義務付けないとは行政当局は不作為責任を問われるでしょう。

世界のパイロットからは啓徳空港に代わって羽田が「世界で最も難しい空港」と評判になることも十分あり得ると思っています。

（杉江　弘）

3.5度の降下角はスタビライズド・アプローチに違反する

着陸事故対策の基本的ポリシー「スタビライズド・アプローチ」

少し専門的な話になりますが、航空会社のオペレーションマニュアルのなかに航空機の安全な着陸を規定した「スタビライズド・アプローチ」という指針があります。日本語に訳すと、「安定的な進入」です。私が日本航空の安全推進部に所属していた1990年代半ばに考案して、社内に導入したもので、今では、すべての日本のエアラインパイロットにとって憲法のような基本指針になっています。

「スタビライズド・アプローチ」は航空会社や使用機材によって細かいところは異なりますが、いずれも最低、次の3つの確認項目を設けています。ごく簡単にポイントを説明してみましょう。

❶航空機が地上に近づいたら、地上から300メートルの地点で1分間にどれくらいの高度を降下しているかを示す降下率が毎分1000フィート（約300メートル）以下であることを確認する。

❷航空機が滑走路の方向から大きくずれていないか確認する。

図1　「スタビライズド・アプローチ」の主なチェックポイント

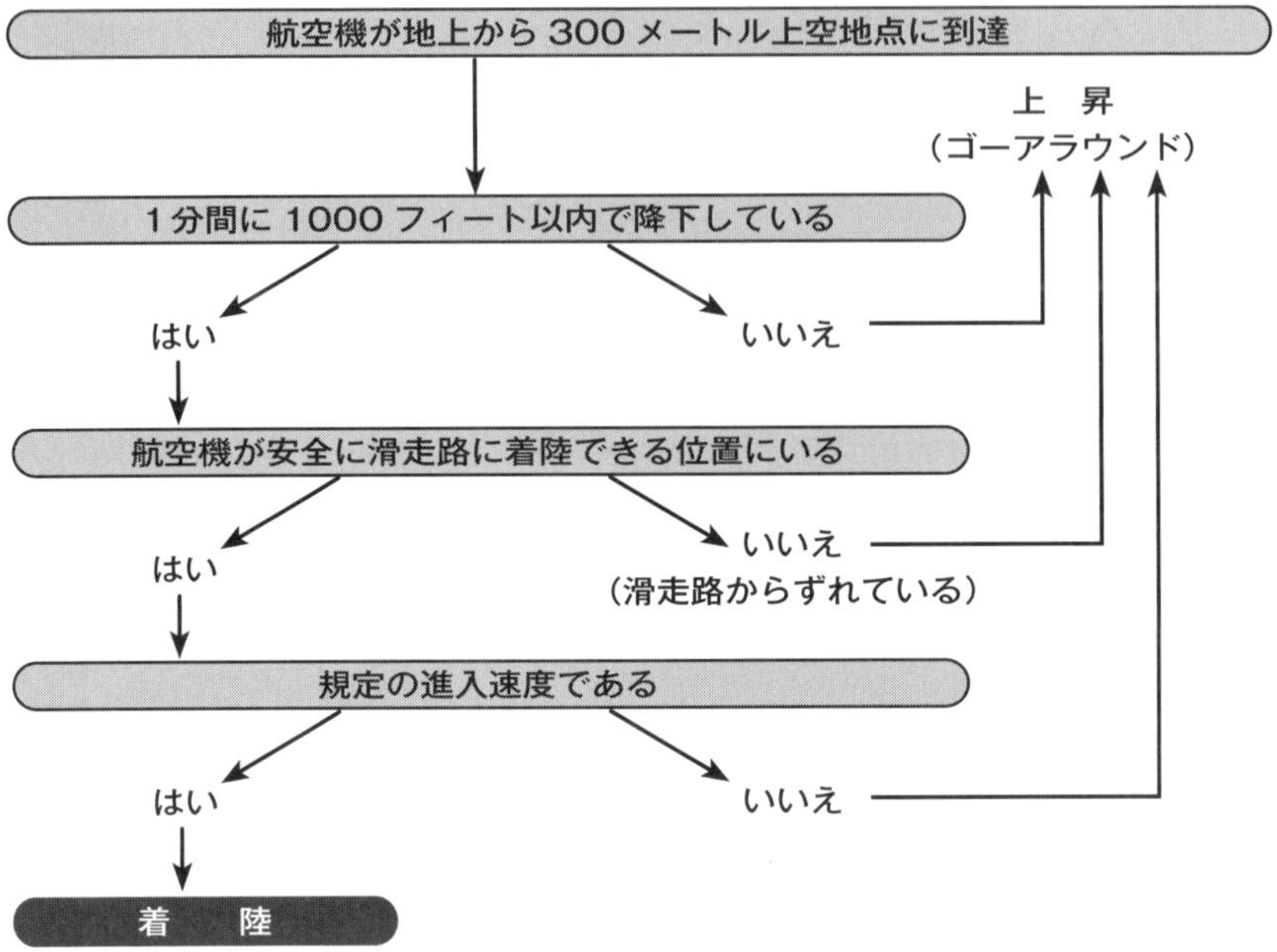
航空機が地上から300メートル上空地点に到達
上　昇
（ゴーアラウンド）
1分間に1000フィート以内で降下している
はい
いいえ
航空機が安全に滑走路に着陸できる位置にいる
はい
いいえ
（滑走路からずれている）
規定の進入速度である
はい
いいえ
着　陸

❸規定の進入速度になっているか確認する。

大きくこの3つの条件項目を確認して、着陸するかどうかの最終的な判断をするのです。

羽田空港への新ルートに当てはめると、ちょうど大井町付近の地点で、この3つの条件を確認し、全部をクリアしていれば進入を続けます。1つでも条件をクリアしていないなら、着陸をやめて上昇（ゴーアラウンド）して、もう一度体勢を整えて着陸を試みます。2回目の着陸では、降下率を少なくするために速度を減らすとか、横風が強い状況などの様子がいろいろわかっているので、うまくいくことが多いのですが、もしそれでもダメだったら、ほかの空港に行くということを示したマニュアルです。

なぜ、このようなマニュアルをつくったかというと、管制官はレーダーで誘導するのですが、人間ですから誤って高く誘導してみたり、パイロットも適切な操作ができなくて不安定なままの進入になることがあります。また横風が強いと、滑走路からずれることもあります。そのような場合でも、以前は、機長がなんとか滑走路にひねり込むようにして無理やり着陸することが普通でした。

そのような着陸では、多くはドーン！　という衝撃は避けられませんが、着陸は成功とされ、「その悪条件のなかでよく着陸したね」「うまいね」と昔は言われていました。しかし、それは危険だと私は思っていたのです。軍用機だったら一か八かという言い分が通るかもしれませんが、旅客機では1万回着陸するうち、1回だってミスは許されないのです。

このポリシーを社内で提唱したときには、多くのパイロットから「杉江さん、あまり細かいこと言わないで」「現場の機長はお山の大将、好きにやらせてほしいから」と難色を示され、同期のなかからも反対されました。しかし1年かけて、毎月、各部長を集めて説得していきました。

日本航空からこの方式がはじまって、全日空でもやるようになり、今では日本のすべてのエアラインが採用しています。国交省もパイロットの審査のときにスタビライズド・アプローチをやっているかどうかを見て、合否を判断しています。そして、現在では、私の知る限り、全員のパイロットがこの方式が安全運航を支えていると確信をもっています。

実際、この方式が導入されて以降、日本では今日まで約25年間重大な着陸事故は発生していません。

「スタビライズド・アプローチ」（「安定的な進入」）と「3・5度」

3つの条件のなかで一番大きな問題が、降下率です。日本航空では以前、場合によっては1分間に1500メートルの降下率で降りてもよいというマニュアルがありましたが、現在の「スタビライズド・アプローチ」では、1分間に1000フィート（約300メートル）以下の降下率を定め、一切の例外を認めません。このときの降下角は3度が標準です。

しかし3・5度の降下角では、ボーイング777の最大着陸重量で計算すると、無風の状態ですでにアプローチの際の降下率は1分間に1000フィートを超えています。

2019年11月の国交省の担当者へのヒアリングで、「3・5度の降下角を採用するということは、『スタビライズド・アプローチ』の1分間に1000フィートの降下率を定めたオペレーションマニュアルを変更するのか?」と聞くと、国交省の担当者は「変更しない」と答えました。2020年になって、航空会社や業界団体と協議をはじめましたが、どのようにつじつまを合わせるかは、今のところわかりません（66ページ追記参照）。この点について、2019年12月13日に品川区の代議士が政府に質問主意書を出しましたが返答は「整合性」については、まずは各事業者が確認するものと責任を航空会社に押し付けたものでした。

加えて、大井町辺りで少しでも追い風があれば、ボーイング777以外でも着陸重量の大きな状態ならば、1分間に1000フィートという降下率を超える可能性があります。マニュアルに

◆デルタ航空 N137DL（ボーイング 767-332）の尻もち事故の瞬間（2012 年 8 月 23 日）
＊撮影：Tomás Del Coro ／ Flickr

忠実なパイロットは、「スタビライズド・アプローチ」に従ってエンジンを全開にしてゴーアラウンドすることになりますが、そうすると大井町周辺では、離陸と同じくらいの騒音が発生するでしょう。騒音対策として考えても「降下角3・5度」の進入は、愚策なのです。

そもそも、「スタビライズド・アプローチ」の指針を導入しているのは日本の航空会社と、アメリカの一部の航空会社のみですから、今後、外国のパイロットのなかには、不安定な状況でも進入を続け、最後に「エイヤー」と一か八かで突っ込む航空機が出てくるのではないかと心配しています。

着陸角度引き上げで考えられる事故

降下角を3・5度に引き上げることによって、第一に懸念されるのが「尻もち事故」です。近年製造されている航空機はストレッチタイプといって、胴体が長く、接地時の最終的な機首の引き起こしのタイミングを誤ると、お尻をこする危険があります。一般的に航空機の着陸のとき、尾部と滑走路との間隔は1メートル以上はあるのですが、重量の重い状態では、滑走路との間隔が50センチ前後というときもあります。操作によっては、お尻がボンっと滑走路に当たってしまうのです。

2019年5月、ロシアの航空機が炎上して41人が亡くなる事故がありましたが、機が雷を受けて、慌てて空港に戻ろうとして急降下していきました。その勢いで滑走路に進入したため、一度バウンドして尻もち事故を起こし、炎上してしまったのです。実際、こういう尻もち事故やハードランディングは、大小含め無視することができない頻度で起こっているのです。

1985年8月12日の日本航空123便の御巣鷹山の墜落事故も、1978年に起こした伊丹空港での尻もち事故が原因で起こりました。7年前のひどい尻もち事故によって、胴体が壊れてしまったことで、その部分の修理ミスがあの御巣鷹山の事故を起こしたのです。それから数年後に台湾でもジャンボ機が上空で空中分解しましたが、これも尻もち事故の修理ミスが原因でした。尻もち事故というのは、炎上事故だけでなく、何年か後に大変な事故につながる危険性もあるのです。軽く見てはいけないのです。

最優先すべきは乗客の命

前に述べたように、3・5度のRNAV進入は、横田空域を飛ぶ軍用機との調整で考えられたものです。それにしても「3・5度」という非常識な進入方式を国交省の官僚中心で決めたというプロセスはあまりに乱暴です。米軍との交渉継続は、質問しても「答えは差し控えます」と、いっさい答えていません。彼らはおそらく机の上で滑走路端から横田空域での最終降下地点までを作図して、「これなら米側の要求を満足させ、結果として各地点で何メートル高くなるので自治体側の了解も取り付けることができる」と考えたのでしょう。

しかしこれはあまりにも航空機の運航の実態を知らず、長い間、航空関係者が着陸事故をなくすために努力してきた歴史を、一瞬にして帳消しにする恥ずべき行為です。

ある信頼できる情報筋から聞いたところ、国交省は全日空と日本航空の責任ある立場にあるパイロットたちに「3・5度」について聞き取りをしたところ、1人として「賛成」とは答えなかったといいます。国交省はシミュレーターを使った実験で問題なくやれると強弁し、日本航空の赤坂祐二社長も「3・5度」でもできると表明しました。しかし、赤坂社長自身もパイロットからのヒアリングで、本当は一抹の不安を感じているのではないかと推測しています。

世界のパイロットのなかには操縦技量に問題がある者も多く、それは直近の数多くの着陸事故例からも断定できます。世界に公示する進入方式は、どのようなレベルのパイロットでも実施できるものであるべきで、一部の優秀なパイロットがその技量を発揮してなんとかできるという性質のものであってはならないのです。

3・5度の進入方式は、やめるべきです。関係者は今一度、乗客の命を最優先するという立場で再検討すべきです。

（杉江　弘）

column 04

管制が混乱の恐れ

現場の管制官に話を聞くと、「新ルート」での進入方式を導入すると、地上の誘導路の運用が非常に複雑になっていくと予想をしていました。「羽田空港が最も混み合うのは午後6時前後とされていますが、伊丹、札幌、福岡などの大都市から羽田空港にやって来る航空機は、50分~1時間遅れるのが普通になるのではないか」と複数の管制官が言っていました。

こうした遅延は、今でもお盆、年末年始の繁忙期に、各地から羽田に向かうフライトで行なわれている「フローコントロール」と呼ばれるものです。簡単に言うと、羽田空港が混んでいるときには、進入待ちで伊豆大島の上空で待機、浜松付近での待機と、あちこちで待機することになるのですが、上空で待機するのは、とても燃料を食うため効率的ではなく、パイロットは嫌がります。そのため出発地で地上待機をしないと、管制官の誘導処理能力を超えてしまいます。

そこで、管制官は「あなたの便は何時以降に離陸」と、順番を振り分けて出発を調整します。これをフローコントロールと言います。今後、都心新ルートの運用がはじまれば、日本の各地から羽田空港に向けての航空機に対して、このフローコントロールが多発されるだろうと推測されています。

(杉江　弘)

第6章

墜落リスクゼロという想定は正しいのか

国交省は事故を想定していない

航空機事故を論ずる場合に「クリティカル・イレブン・ミニッツ（魔の11分間）」という言葉がよく出てきます。世界の航空機事故を分析した結果、離陸後3分間と着陸前の8分間に事故が集中していることから生まれた言葉です。航空機事故の大半が離着陸時に発生しているのです。離着陸時、パイロットには最高度のストレスが加わります。そこに悪天候や機材の故障などのアクシデントが加われば緊張が一層高まります。パイロットは常に緊張が高まった状態で都心上空を低空飛行し、離発着に臨むことになります。

羽田空港増便に関する国交省の当初の説明書には、「航空機の安全管理」の項目を設けて「航空機の墜落事故が心配だ」との疑問点を挙げて、墜落事故発生と対策の説明が記述されていましたが、その後、改訂された説明書からは航空機事故についての記述は削除されています。都心上空飛行に関して墜落について言及することは、住民に不安をあおることから、意図的に削除したのでしょう。しかし、航空機が上空を低空飛行しているかぎり墜落の問題を避けて通るわけにはい

◆「インターコンチネンタル」と呼ばれたボーイング707-320
＊撮影：Ken Fielding ／ Flickr

きません。

国交省は、「自動化されたハイテク機なので事故はない」としていますが、「ハイテクなんだから、大丈夫」という認識は非常に大きな危険性をはらんでいるのです。

ライト兄弟による世界初の有人飛行成功が１９０３年のことです。もともと軍用機のために開発されたジェットエンジンで推進するジェット機が、本格的に旅客機として運用されるようになったのは、１９５０年代のことです。１９８０年代以降、自動化システムが進んだハイテク機が登場し、以来、メーカー間の競争もあって次から次へと新しく機体が開発されています。

メーカーはハイテク機を売り込むときに、「経験未熟なパイロットや腕の悪いパイロットでも操縦できる、自動操縦さえあればできますよ」と言います。ハイテク機には、非常に複雑なプログラムが組まれた多様な自動化モードが搭載されてい

◆エチオピア航空機墜落現場で見つかった同機の残骸（2019 年 3 月 11 日撮影）
＊ ©AFP/Michael TEWELDE

ます。

非常に複雑に組まれたプログラムによって操縦を自動化したハイテク機には、便利な反面、危険な面もあります。多種多様なモードの誤使用や計器の故障でパイロットが混乱して、誤った操作を行ない墜落するといった事故が相次いでいるのです。

ハイテク機のリスク

アメリカのボーイング社が社運をかけて開発した最も新しいボーイング737MAXは2018年10月、インドネシアで189人が亡くなるという墜落事故を起こし、2019年3月にはエチオピア航空が首都アディスアベバ近郊で157人が亡くなる墜落事故を起こしました。いずれも離陸してすぐに起きた事故で、ともにセンサーからの誤った信号で、操縦系統が暴走して起きた事故でした。ボーイング737MAXは、この2度の事故直後から運航停止になり、2019年12月には生産休止が決まりました。現時点（2020年1月）で、再開の目処は立っていません。

この2度の事故が端的にハイテク機の危険性を表しています。重大なシステムの不具合が発生すると、パイロットは対処できなくなり、墜落を回避できなくなることもあるのです。最初に事故を起こしたライオン航空は、導入時に新しいシステムが加わっているので、パイロットにシミュレーターによる訓練を要求しましたが、メーカーのボーイングは、コンピューターの訓練だけでよいと、これを一蹴しました。理由は経費がかかるためでした。

アメリカのトランプ大統領は会見で、エチオピア航空の墜落事故を受けて、2つのことを指摘しました。1つは「今のハイテク機は複雑すぎる」という点、もう1つは「今回のボーイング737MAXは、不必要な自動化を導入した」という主旨のものでした。このトランプ大統領の指摘は、実に正しいのです。

私は2011年秋まで乗務していましたが、パイロットとしての実績は、DC－8とジャンボジェットが多く、最後の3年間は日本に初めて導入されたばかりのブラジル製のエンブラエル機というハイテク機を操縦しました。エンブラエル機は、戦後ドイツからブラジルに渡ったハインケル社の技術者たちが設計にかかわった機体でした。私は3年の乗務経験からハイテク機の便利さと危険性は、身をもってわかっています。取り立てて言えば、ボーイング737MAXに搭載された「MCAS」（自動制御システム）のなかの自動失速防止機能は、パイロットからみたら不必要どころか、迷惑千万な機能なのです。

無用な失速防止機能の完全自動化

従来の航空機では失速状態に入りそうになると、スティックシェーカーという装置が作動して操縦桿に「カタカタ」という振動が伝わります。これは一種の失速警報装置で、パイロットは失速を認識すると機首を下げ、エンジンの出力を上げることで速度を回復し失速に入ることを回避できました。

スティックシェーカーは小型機からジャンボジェット、そしてボーイング777などの近代機までほとんどのメーカーで採用されてきた伝統的な方法でした。仮にパイロットが速やかな対応をせずに、いよいよ本当に失速状態に入ると、翼の周りの空気が乱れて、翼全体が「ガタガタ」と激しい振動を起こします。

この時点でも、パイロットが正しい回復操作を実行すれば間に合うことが多く、実際に免許を取得するための訓練でもそれを実行してきました。

それでも速度計のトラブルなどによってパイロットが適切な回復操作を行なうことなく失速状態になり、墜落する事故が続いてきたため、各メーカーはさまざまな失速防止のための自動化システムを開発してきました。

ボーイングが近年に導入した失速防止のための自動化システムは、パイロットが誤って操縦桿を引き上げ続けても、あるピッチ（角度）以上は機首が上がらないようにしたものです。コンピューターが操縦桿を制御しますが、それでも力いっぱい操縦桿を引き上げることは可能で、その意味では自動化システムとはいえないものでした。

私の乗務していたエンブラエル機にも同じシステムが採用されていました。並の腕力である私では、あるピッチ以上引き上げることができず、失速防止に十分な効果がありましたが、失速対策はここまでの対応で十分で、今般のボーイング７３ＭＡＸのような完全な失速自動化システムはかえって事故の原因になってしまうのです。

ハイテク機では事故は起きないとは、とてもいえない

ボーイング機の事故が続いていますが、エアバス機でも深刻な失速（コンプリートストール）に入ると、代替制御では操舵が利かなかったと思われる事故が続いています。２００９年に大西洋で海に墜落したエールフランスのエアバスＡ３３０の事故や、２０１５年末のエアアジアのエアバスＡ３２０の事故で、なぜパイロットが失速状態から回復操作ができなかったのかを理解しているパイロットは、私の知る限りではほとんどいません。それでも今日も多くの同型機が運航しています。

それにしても、なぜ航空会社は新しい航空機のことをよく調べもしないで購入するのでしょう。航空機メーカーは、ユーザーである航空会社やパイロットの意見や要望を聞いてから設計するのではなく、いわば一方的に製造し、パイロットはそれに慣れるしかないという現実があります。

実際、航空会社が新しい機種の選定にあたって考慮する項目は、座席数、航続距離、燃費くらいのもので、操縦システムの細部まで理解して決定しているとはとても言い難いのです。一方、鉄道の場合は、車両の構造や性能といったすべてのスペックを鉄道会社が決め、それを車両メーカーに発注しています。

航空機に組み込まれたプログラムはどんどん進んでいきますが、航空機を動かすパイロット、つまり人間の進歩はどうでしょう。人間の本能というのは、人類の誕生以来、ほとんど変わっていないはずです。このミスマッチがいろいろな事故につながっています。専門用語で、マン・マシン・インタフェース（man machine interface、あるいはhuman machine interface）上の欠陥ともいえます。

ハイテク機では事故はないなどとは、とても言えません。こうしたコンピューターのトラブルに起因する事故は、どこでも起こり得るのです。もし都心の上空でハイテク機に搭載されたコンピューターのトラブルによる操縦系統の暴走が起きたら大変な大惨事になります。

万が一の事故に向けた対策は

では、万が一大都会・東京で事故が起こったときの防災対策はどのように考えているのかというと、今回の計画では、一切防災対策は示されていないのです。事故の責任を誰が取るのか、どういう出動態勢をとるのか。自衛隊が出るのか、消防団が出るのかなど、当然、さまざまな取り

◆ユナイテッド航空232便の事故当時の様子。機体の炎上・大破により、滑走路が焦げ、脇のトウモロコシ畑がえぐられている（1989年7月19日）
＊撮影：Air National Guard

決めがなされていなければならないわけですけれど、これがないのです。

その点、アメリカでは対策が進んでいます。1989年、ちょうど御巣鷹山の事故が起こった4年後に、アメリカで御巣鷹山の事故と同じようにすべての油圧が失われ、操縦系統が利かなくなったユナイテッド航空232便（DC−10）の事故が起こりました。すべての油圧がなくなったことによってコントロールが利かなくなり、糸の切れた凧状態になったのです。

コックピットでは、偶然乗り合わせた非番の教官パイロットを合わせた4人で操縦を続け、管制官の協力により、アイオワ州スーシティのスー・ゲートウェイ空港に緊急着陸しました。スーシティには管制官を通して、「あと30分ぐらいしたらコントロールできない航空機がなんとか滑走路に行くぞ」という連絡が入っていました。

スーシティという街では1年に1回、防災訓練をしていました。大きな航空事故が起こることをあらかじめ想定してあったために、第一報から事故機が空港に入ってくるまでのおよそ30分の間に救急や消防車などの手配が終了していました。そこに航空機が緊急着陸したのです。

さらにすごいのは、この30分の間にスーシティは献血運動を呼びかけていたのです。「きっと多くの人がケガをするだろうから」と、スーシティの市民が献血に並んでいたのです。残念ながら、機体は接地後横転、炎上して、296名の乗客・乗員のうち、112名が亡くなりましたが、生存者が184名だったことは、街をあげての対策があったからこそです。

今回、都心上空を飛ぼうというのに、そういう対策が一切示されていないというのも大きな問題です。

（杉江　弘）

column 05

名古屋での中華航空機事故の二の舞を憂慮する

1994年4月26日、台北から名古屋に向けて夜間最終進入中の中華航空140便（乗客乗員271名）が、名古屋空港（当時）の滑走路手前に墜落、炎上して264名の死者を出しました。

◆中華航空 140 便の事故機。操縦室前方の窓と上部の外板部分
＊運輸安全委員会報告書より

この事故の原因は、エアバスA300−600型に新しく導入された自動化システムにありました。当時、操縦桿を握っていた副操縦士がスラストレバー（逆推力装置）にあるオートスロットル（エンジンの出力調整を行う）をOFFにしようとして、誤ってそばにあるゴーボタンを押してしまったことに端を発します。

ゴーボタンを押すと、機はその時点で急上昇モードになり、エンジンは全開となり機首を上げて高度をぐんぐん上げていきます。いわゆるゴーアラウンド（進入復行）です。しかしパイロットにしてみれば、名古屋空港は視界良好。空港のライト類もまぶしく眼下に輝いていました。高度は1000フィート（約300メートル）、あと約3分で着陸できる地点にいました。悪天候などでよく実施するゴーアラウンドをする理由は、なに1つありません。

そのため、副操縦士は急上昇をやめて降下さ

せるべく、途中から機長も加わって操縦桿を前に押す操作を行なったのです。普通の旅客機なら、操縦桿に一定の力が加わると自動操縦装置は解除され、手動で降下態勢に切り替えることが可能ですが、エアバスA300-600の自動操縦装置では、パイロットが一旦ゴースイッチを押せば、いくら力いっぱい操縦桿を押しても解除されないばかりか、操縦桿を押したら、さらに急上昇する仕掛けになっていたのです。

コンピューターはすでにゴーアラウンドモードに入っているのに、それに反して加わった逆の力（入力）を誤りと判断して、さらに機首を上げていきました。パイロットは、この操縦ロジックを把握していませんでした。当時同型機を運航していた日本の航空会社の多くのパイロットも、この事故を受けてマニュアルの片隅に小さく書かれていた注意書きを読み返したように、エアバス社はパイロットへの教育を十分にしないままに新しいシステムを導入したのです。

名古屋での事故の場合、自動化システムが働き、思うように航空機が操縦できないことに対し、パイロットが着陸をあきらめていれば事故は起こらなかったでしょう。コックピットの2人はさらに操縦桿を押して、自動操縦下であっても修正ができると考えましたが、コンピューターは再びこの入力を誤りと判断して、さらに機首を上げました。墜落は空港手前で起こりましたが、一歩間違えば、名古屋の人口密集地域に墜落し、住民を巻き込む二次被害を出す危険性も大いにあったのです。

（杉江　弘）

第7章

住民を欺く国交省の羽田重視の説明

日本の成長を支えるため？

国交省は羽田空港の国際線増便の必要性について「日本の成長を支えるために羽田空港をさらに世界に開くことが必要である」として次の4点を強調しています。

第1に、羽田空港は都心からのアクセスが便利であることから、アジアの都市との競争に勝ち抜くことで、世界中からヒト・モノ・カネを東京に呼び込むことが可能。

第2に、羽田空港で豊富な国内線と国際線を結ぶことで、日本各地と世界の交流を活性化させ、世界の成長の果実を地方に届けることができる。

第3に、増加する外国人旅行者をさらに呼び込み、買い物や宿泊をしてもらうことで日本全国の経済を活性化させる。

第4に、2020東京オリンピック・パラリンピック大会で来日する大会関係者、選手、観客などを迎え、大会を成功させることが必要。

そして「人口減少社会を迎えた日本で、私たちがこれからも豊かな生活を実現させていくため

表１　世界の都市間競争力比較
＊国土交通省「羽田空港のこれから」をもとに作表

総合ランキング

1位	2位	3位	4位	5位
ロンドン	ニューヨーク	東京	パリ	シンガポール

ロンドンと東京の比較

	経済	研究開発	文化交流	居住	環境	交通アクセス	総合
ロンドン	2位	3位	1位	11位	19位	2位	1位
東京	3位	2位	4位	9位	29位	5位	3位

には、羽田空港の国際線の増便が欠かせません」と説明しています。本当にそうでしょうか。

国交省の説明は、羽田の国際線を増便させる、科学的かつ具体的な根拠を示すことなく、想定される一部のメリットをことさら強調しています。日本経済・社会を維持発展させるために外国との結びつきを深めていくのは重要なことですが、日本全体が等しく豊かな社会を目指すのであれば、羽田空港への国際線の集中化は逆に東京への一極集中を加速させるだけで、現在、社会問題化している地域経済格差を一層助長する結果となります。

また、国交省の説明は世界の都市間競争力の評価として、文化・環境・交通などを指標として取り上げて比較しています。そのなかで、交通アクセス分野での東京とロンドンとの比較では、ロンドンは2位、東京は5位としています。その原因として、ロンドン近郊には5つの空港がありますが、東京は羽田、成田の2空港しかないことを挙げています。大都市近郊に空港の数が多ければ、都心への交通のアクセスが便利になるのは当然のことです（表1）。

国交省は、茨城空港や静岡空港など、首都圏周辺のその他の空港も重要で、その活用に取り組んでいくと主張しています。では、横田飛行場や厚木飛行場についてどう考えているのか聞きたいものです。

国交省が自ら羽田の混雑化を招いている

国交省は2020年3月29日以降、当面、国際線50便が増加するため、その対策として都心上空飛行を認めて発着枠を増やすとしています。羽田空港は深夜・早朝を除いてフル稼働していて、国際線の需要が集中している時間帯では、これ以上国際線を増やすことができないと主張しています。

こうした国交省の計画を知って、すでに米国のデルタ航空は、2020年3月以降、現在成田空港を発着しているシアトル便やアトランタ便を羽田に移管させて、東京からの米国便を羽田に集約するとしています。全日空もサンノゼやワシントン便など米国4路線を羽田に移管するとしています。

国交省は都心上空を飛行する時間帯は15時から19時までに限定すると主張していますが、現在の流れでは都心上空を飛行する時間帯が、なし崩し的に拡大されていくことは火を見るより明らかです。航空の自由化のなかで、航空会社の路線参入を次々と認めていることが羽田空港の一層の混雑を招いています。

羽田増便を理由に180度の方針転換

羽田新ルート問題は、これまで政府が進めてきた航空行政との整合性がありません。東京への一極集中化をなくして、国土の均衡ある発展を目指し、地方を活性化させるために、1990年代以降、新たな地方空港の建設や、国際空港化を目指しての滑走路延長が進められてきました。福島空港（93年開港）、関西国際空港（94年開港）、佐賀空港（98年開港）、能登空港（03年開港）、中部国際空港（05年開港）、静岡空港（09年開港）、茨城空港（10年開港）、岩国錦帯橋空港（12年開港）などの新空港が次々と建設されてきました。

また国際空港化を目指して福島空港、広島空港、新潟空港、仙台空港などでは滑走路の長さを延長させてきました。

ところが国交省は新ルートの設定で、羽田空港の国際線を増便させることで、首都圏と世界だけでなく、地方と世界をつなぐとしています。

かつて、政府は羽田空港が過密化して、安全問題や騒音問題などが社会問題化したことから、その解決策として地元に根強い反対があるなかで、1978年に成田空港を開港させました。そして「新東京国際空港」（現在の名称は成田国際空港）の名称で国際線を中心に運営してきました。

海外の大都市近郊の空港の例を見ると、パリ、ロンドン、ソウル、上海、クアラルンプールなど多くの都市で、東京と同じような問題が起こり、人口密集地に近い空港の機能を縮小させて、

図1　日本の空港

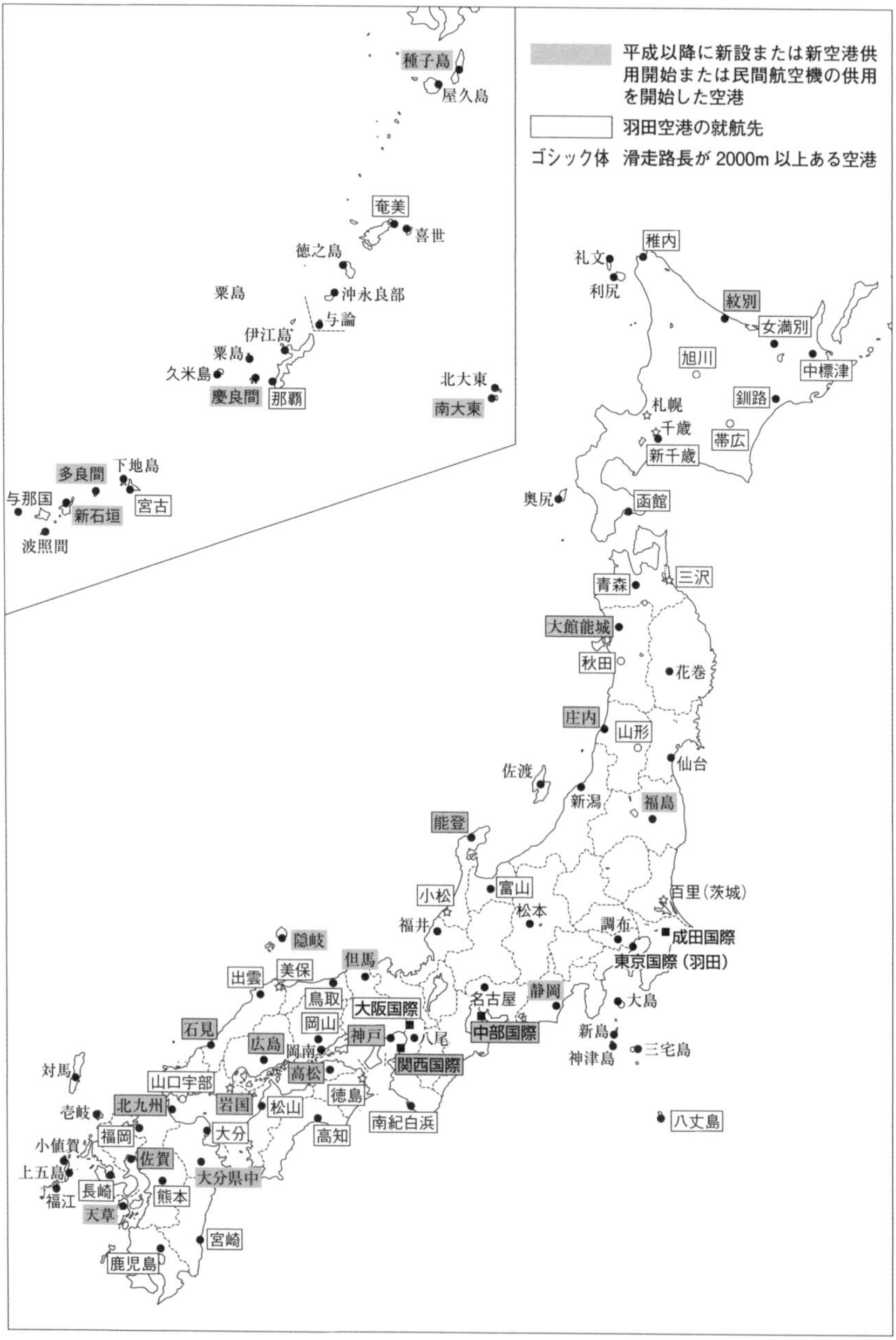

平成以降に新設または新空港供用開始または民間航空機の供用を開始した空港
羽田空港の就航先
ゴシック体　滑走路長が 2000m 以上ある空港
種子島
屋久島
奄美
喜世
徳之島
沖永良部
粟島
与論
伊江島
粟島
久米島
慶良間
那覇
北大東
南大東
多良間
下地島
与那国
新石垣
宮古
波照間
稚内
礼文
利尻
紋別
女満別
旭川
中標津
釧路
札幌
千歳
新千歳
帯広
奥尻
函館
三沢
青森
大館能城
秋田
花巻
庄内
山形
仙台
佐渡
新潟
福島
能登
富山
小松
百里（茨城）
松本
福井
調布
成田国際
東京国際（羽田）
隠岐
但馬
美保
出雲
鳥取
名古屋
静岡
大島
大阪国際
石見
岡山
神戸
八尾
中部国際
新島
広島
岡南
三宅島
神津島
関西国際
対馬
高松
山口宇部
徳島
壱岐
北九州
岩国
松山
南紀白浜
八丈島
福岡
大分
高知
小値賀
佐賀
上五島
大分県中
長崎
熊本
福江
天草
宮崎
鹿児島

郊外に新空港を建設して主な機能を移転させています。しかし、日本のように政府の政策で羽田から成田移転を進めておきながら、ビジネス旅客のニーズが変化したなどの理由で、国際線を中心とした機能を元の混雑した空港に戻すような政策を進める国はありません。

国際線が就航している地方空港

主要空港（羽田、成田、中部、関西）以外の地方空港への国際線の就航は増加していて地域活性化につながっています。国際線の定期便が運航している空港は国内26空港に及びます（表２）。主な就航先はソウル、台北、北京、上海、グアムなど近距離国際線が中心ですが、新千歳空港や福岡空港からはホノルルやバンコク、シンガポール、アムステルダム便などが就航しています。

２０１９年には日韓関係悪化の影響で、とくに地方空港からの韓国便の減便や運休で、韓国からの訪日観光客の減少が続き、地方経済は大きな打撃を受けています。国際線の地方への参入は地方経済の活性化につながっていることの証であり、政府が説明するような羽田からの国内線乗り継ぎによって地方の経済の活性化という主張は説得力がありません。

現行の滑走路の運用をすべて示していない

国交省の説明では、現行の羽田空港への飛行経路がすべて示されていません。南風時の滑走路

表２　地方空港の国際線就航状況（2019 年夏ダイヤ国際定期便・直行便）
＊国土交通省「国際線就航状況（2019 年）」をもとに作表

空港名	就航先
旭川空港	台湾（台北）
新千歳空港	タイ（バンコク）、フィリピン（マニラ）、マレーシア（クアラルンプール）、韓国（ソウル、釜山、清州、大邱）、香港、台湾（高雄、台北）、中国（杭州、上海、大連、天津、南京、北京）、ロシア（ユジノサハリンスク）、アメリカ（ホノルル）
函館空港	台湾（台北）
青森空港	韓国（ソウル）
花巻空港	台湾（台北）、中国（上海）
仙台空港	韓国（ソウル）、台湾（台北）
新潟空港	韓国（ソウル）、台湾（台北）、中国（ハルビン、上海）
富山空港	韓国（ソウル）、台湾（台北）、中国（上海、大連）
小松空港	韓国（ソウル）、香港、台湾（台北）、中国（上海）
茨城空港	韓国（ソウル）、台湾（台北）、中国（上海）
静岡空港	韓国（ソウル）、台湾（台北）、中国（煙台、杭州、上海、寧波）
岡山空港	韓国（ソウル）、香港、台湾（台北）、中国（上海）
広島空港	シンガポール、韓国（ソウル）、香港、台湾（台北）、中国（上海）
米子空港	韓国（ソウル）、香港
高松空港	韓国（ソウル）、香港、台湾（台北）、中国（上海）
松山空港	韓国（ソウル）、中国（上海）
北九州空港	韓国（ソウル、釜山、務安、襄陽）、台湾（台北）
福岡空港	シンガポール、タイ（バンコク）、フィリピン（マニラ）、ベトナム（ハノイ、ホーチミン）、マカオ、マレーシア（クアラルンプール）、韓国（ソウル、釜山、大邱）、香港、台湾（高雄、台北）、中国（煙台、上海）、アメリカ（グアム、ホノルル）
大分空港	韓国（ソウル、釜山、務安）
佐賀空港	韓国（ソウル、釜山、大邱）、台湾（台北）、中国（上海）
長崎空港	香港、中国（上海）
熊本空港	韓国（ソウル、大邱）、台湾（高雄）
鹿児島空港	韓国（ソウル）、香港、台湾（台北）、中国（上海）
宮崎空港	韓国（ソウル）、台湾（台北）
那覇空港	シンガポール、タイ（バンコク）、韓国（ソウル、釜山、大邱）、香港、台湾（高雄、台中、台北）、中国（杭州、上海、西安、天津、南京、北京）
新石垣空港	香港、台湾（台北）

図２　羽田空港の現在の滑走路の使い方（南風時）

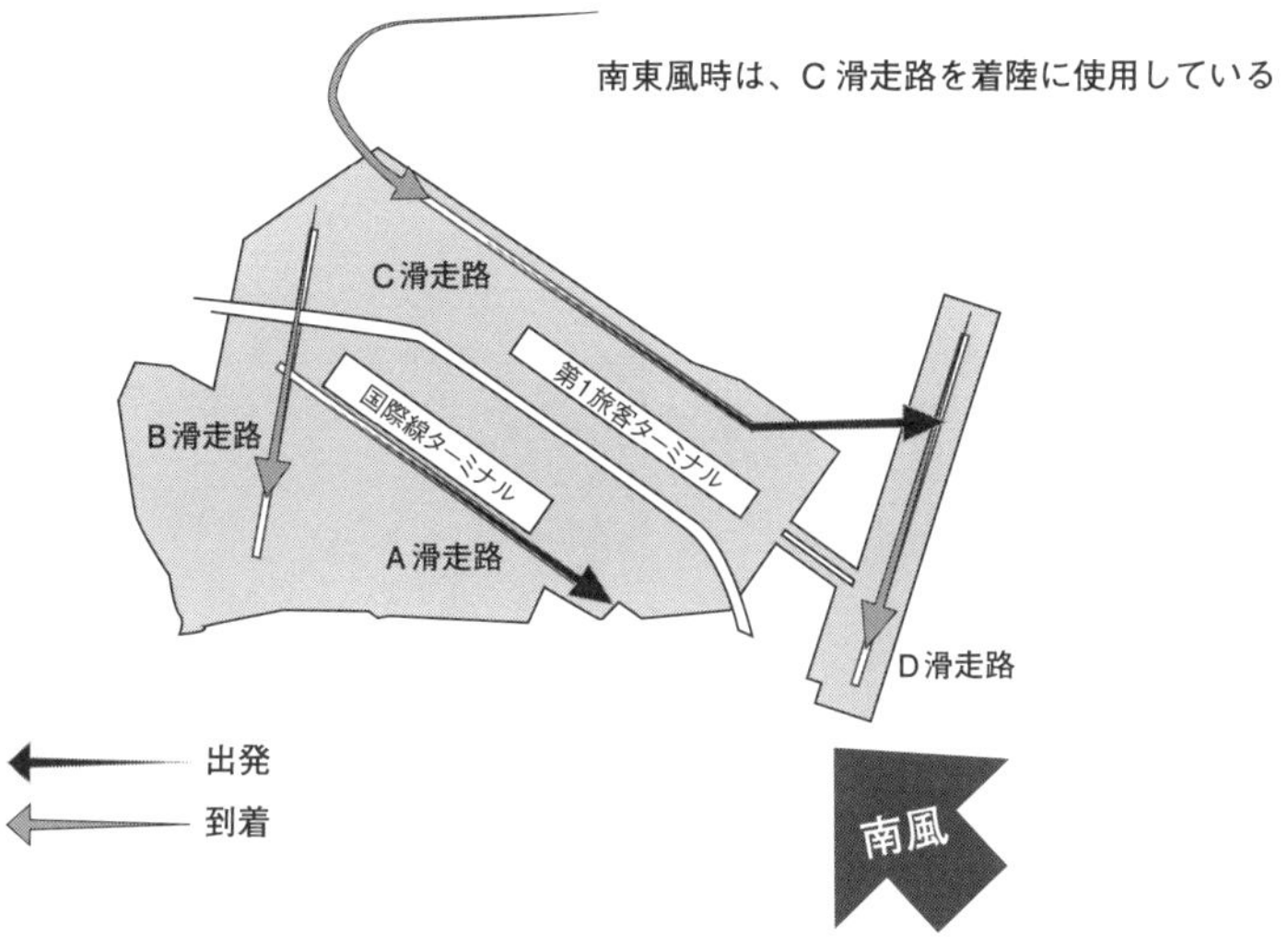
南東風時は、C 滑走路を着陸に使用している
C滑走路
第1旅客ターミナル
国際線ターミナル
B滑走路
A滑走路
D滑走路
出発
到着
南風

４本の運用について、南風時の現行イメージ（図２）ではB滑走路とD滑走路への着陸を示しています。しかし実際には南東風の場合、有視界飛行状態時（一定の気象条件）に東京湾をぐるりと回り込むようにして（船の科学館などを目安に）主にC滑走路に着陸するケースがあります。つまり、羽田空港で南風時には有視界飛行状態で、都心上空を飛行することなく着陸してきたわけです。

しかし国交省の説明は、これまでA滑走路とC滑走路が南風時にまったく使用されていない説明となっています。

羽田のように横風に対応するために４本の滑走路が井桁となっている空港が必ずしも効率的な運用ができるとは限りません。むしろ２本の滑走路を、それぞれ離陸と着陸の専用に使用する方が効率的な場合もあります。

たとえば、ロンドン・ヒースロー空港などは２本の滑走路を一方は離陸専用に、もう一方は着陸専用に完全に区分して使用しています。２０１７年の統計を見ると、滑走路２本で運用しているロンドン・ヒースロー空港の年間離着陸数は47万５９１５回と、羽田空港の離着陸数

図3　羽田空港とロンドン・ヒースロー空港の比較

羽田空港

滑走路 4本（幅 60m）◆ 旅客数 8541 万人 ◆ 離着陸数 45 万 3126 回

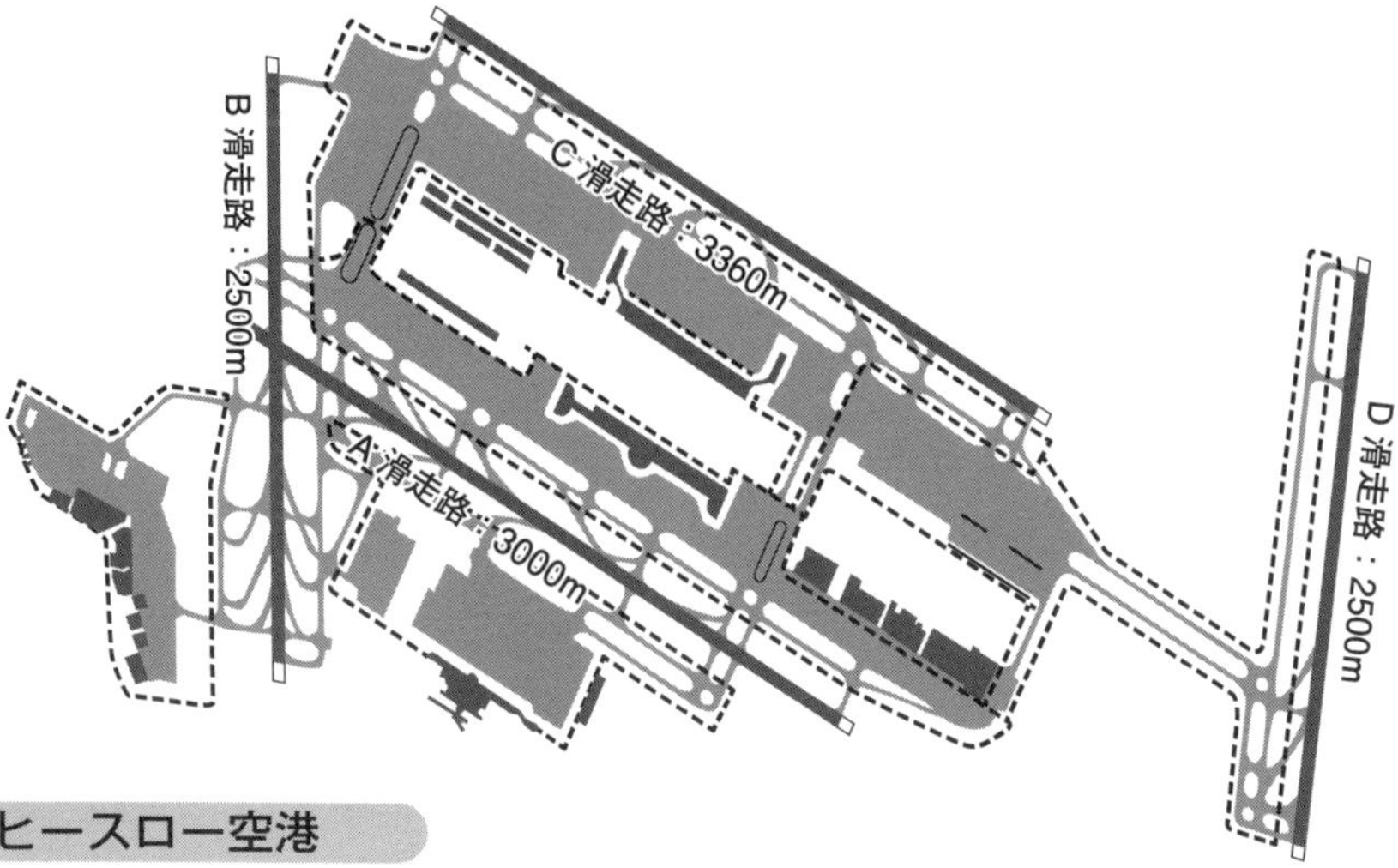

ヒースロー空港

滑走路2本（幅 50m）◆ 旅客数 7801 万人 ◆ 離着陸数 47 万 5915 回

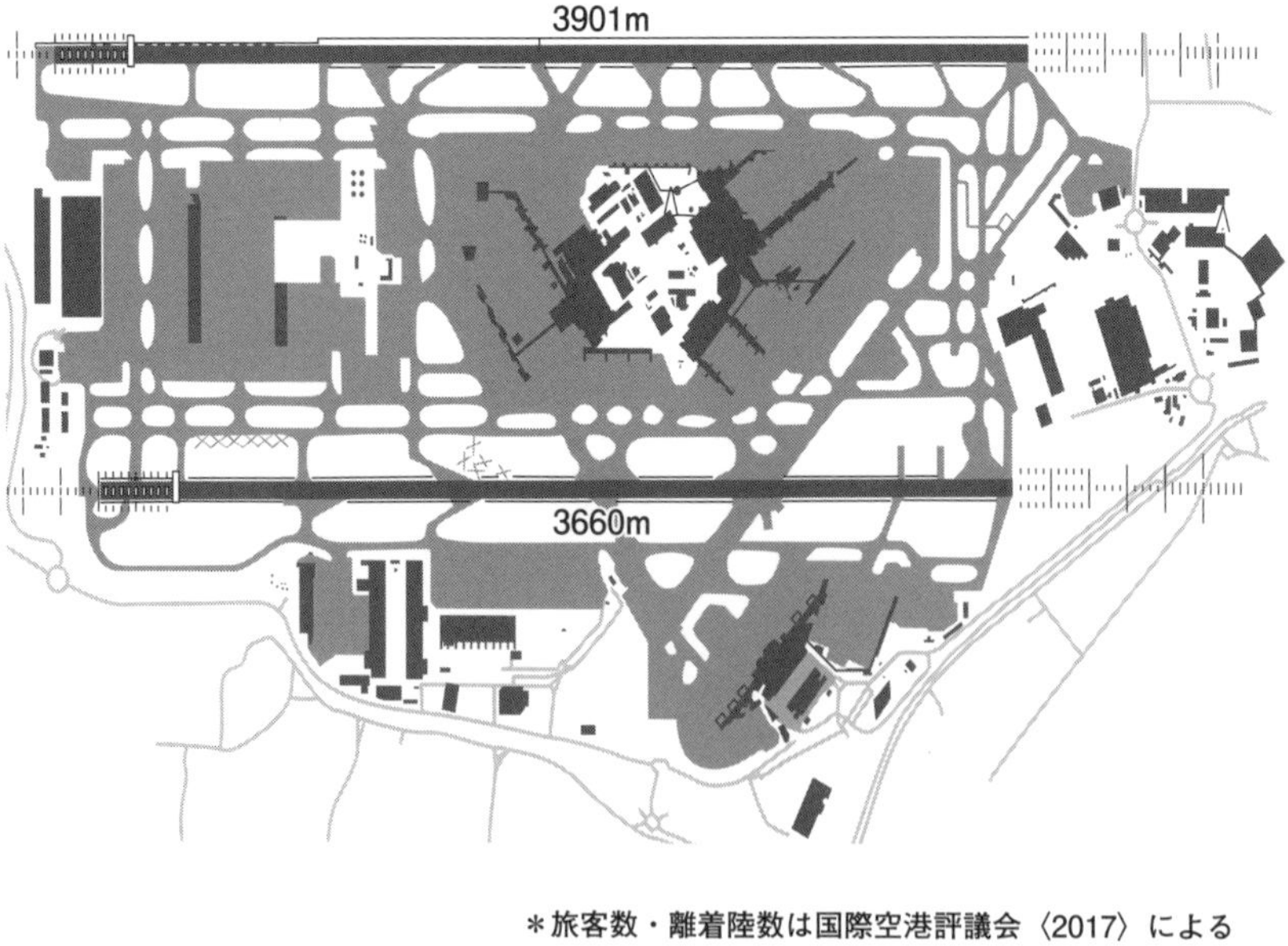

＊旅客数・離着陸数は国際空港評議会〈2017〉による

45万3126回を上回っています(国際空港評議会)。羽田空港とヒースロー空港では空港周辺の環境の違いもあり、単純に比較はできませんが、ロンドンのヒースロー空港では、混雑時には管制官が離陸許可を45秒間隔で発するという運用も行なわれています。

羽田空港の場合は、地理的な条件や安全・騒音問題などがあって、現在のように出発・進入時に東京湾上を飛行して離着陸する運用が行なわれてきました。こうした空港の運用は社会的なコンセンサスを得て空港周辺住民にも受け入れられてきました。羽田新ルートは、これを崩壊させるものです。

羽田空港の離発着便数の表が示されていない

国交省の説明では、羽田の混雑の時間帯の緩和策として15時から19時の時間帯に都心上空を飛行させるとしています。その説明で国交省は、成田空港の1日の離発着数のデータをグラフで示しています(図4)。そのデータを見ると、昼の時間帯の離発着便は少なく、夕方に離発着便が集中していることがはっきりわかります。また、各航空会社の発着枠の要望も夕方がピークとなっています。

ところが、肝心の羽田空港の時間帯別、離発着数のデータがどこにも示されていません。

また、国交省から羽田空港が一日中フル稼働で混雑しているとの説明もありません。空いている時間帯の活用は当然検討されるべきことです。その対策として、国際線などは出発地の時刻を

図４　成田空港の離発着便数
＊国土交通省「成田空港のこれから」をもとに作図

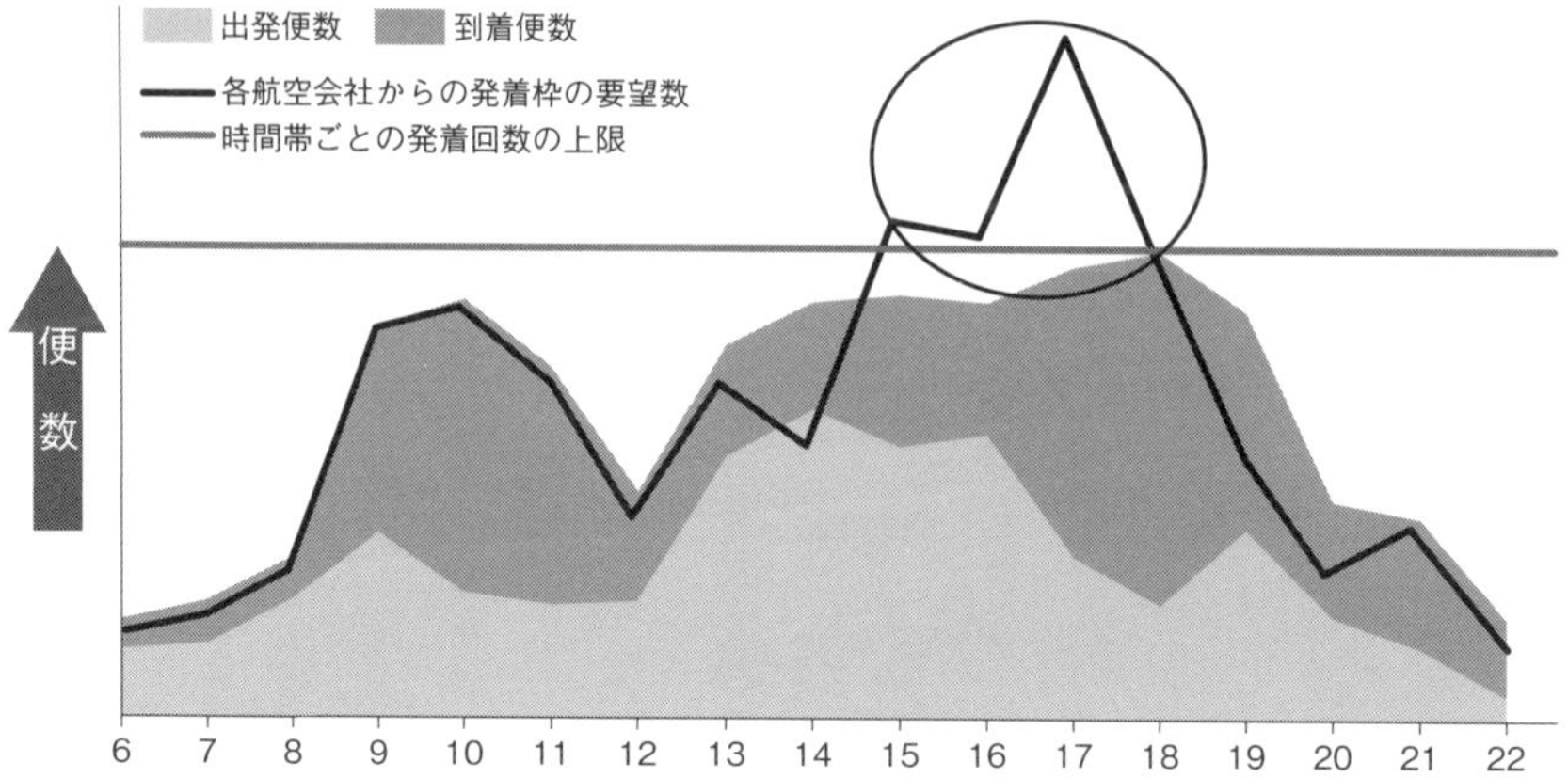
出発便数
到着便数
各航空会社からの発着枠の要望数
時間帯ごとの発着回数の上限
便数
6
7
8
9
10
11
12
13
14
15
16
17
18
19
20
21
22

早めて比較的に余裕のある昼前後に羽田に到着する便を設定するなど、工夫をすれば混雑していない時間帯に到着させるスケジュールを組むことは可能です。ヨーロッパやアメリカ東海岸などは9時間以上も時差があり、しかも12時間もの飛行時間を要するわけですから、利用者にとっては、国内便で出発を６時間早めるほどの負担は感じないものです。

増便を理由に、数々の制限を撤廃しても、限りなく発着便数を増やすことはできません。必ず物理的に増便ができなくなる事態がやってきます。現在の動きは「都民ファースト」を標榜していながら、日常的に航空機の騒音などの影響を受けている住民の要求を後回しにして、航空会社や旅客の都合だけ優先させています。羽田の離発着便数の制限ではなにを基準にするかが問われています。

離陸経路の変更は増便とは無関係

国交省は羽田離陸直後も都心上空飛行を計画していますが、離陸経路を変更しても便数の増加にはなりません。一旦離陸す

図5　北風時の現状の使用状況
＊国土交通省「羽田空港のこれから」をもとに作図

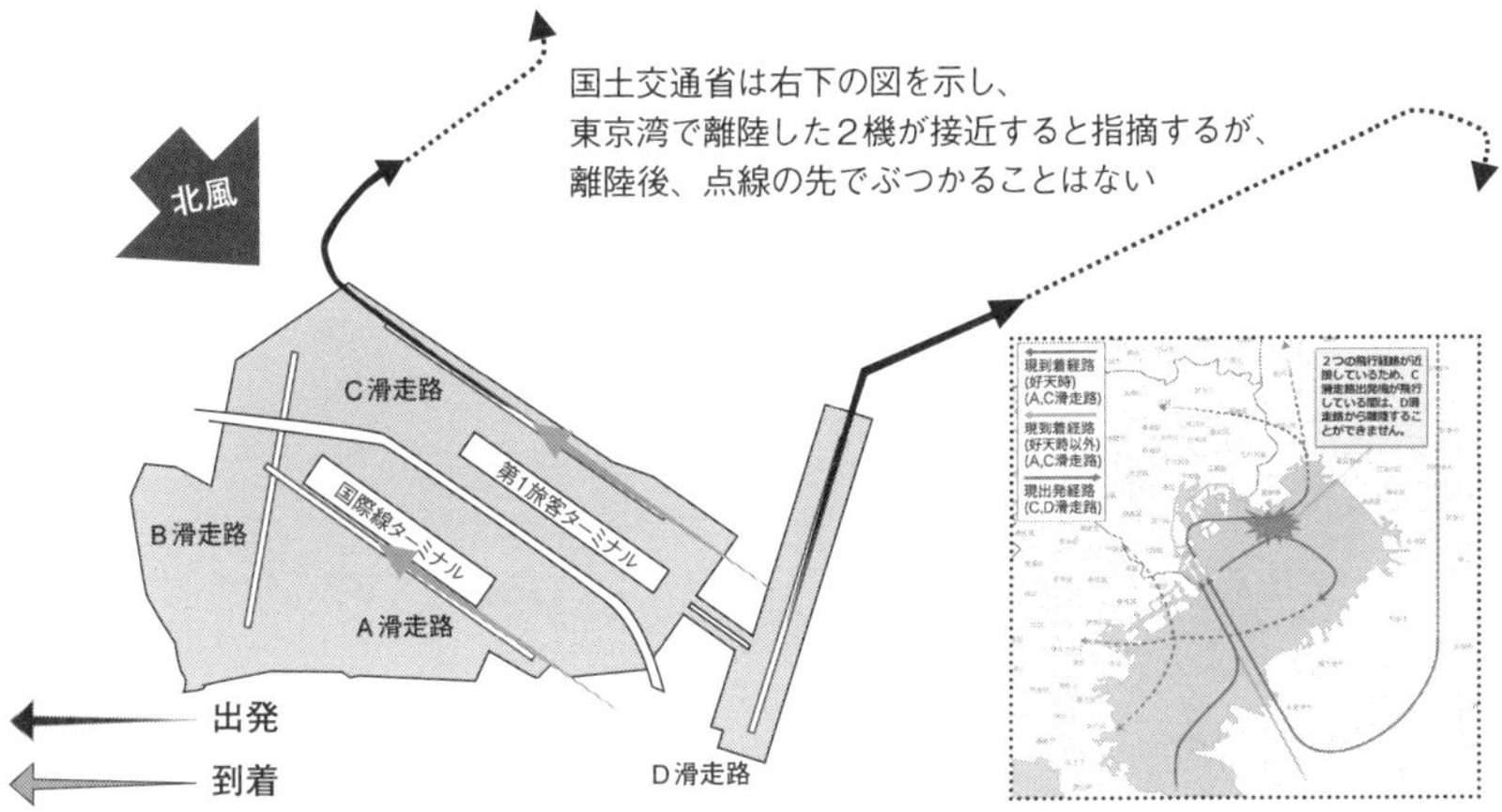

国土交通省は右下の図を示し、
東京湾で離陸した2機が接近すると指摘するが、
離陸後、点線の先でぶつかることはない
北風
C滑走路
B滑走路
A滑走路
D滑走路
第1旅客ターミナル
国際線ターミナル
出発
到着
現到着経路
(好天時)
(A,C滑走路)
現到着経路
(好天時以外)
(A,C滑走路)
現出発経路
(C,D滑走路)
2つの飛行経路が近接しているため、C滑走路出発機が飛行している間は、D滑走路から離陸することができません。

ればどの方向に飛行しても離陸する航空機の間隔には関係はありません。現在は北風の場合に離陸後に北に向かう航空機は、都心の騒音を避けるため、C滑走路を離陸後に東京湾上を北東へ飛行して一定の高度に達した後に、針路を北に向けて飛行しています。

ところが新ルートでは北風の場合、C滑走路を離陸（午前7時～11時半と、午後15時～19時の間）した航空機が、D滑走路を離陸する航空機の出発経路と近接するとの理由で、C滑走路を離陸し北に向かう航空機を離陸直後にそのまま北に向けて都心上空を飛行させるとしています。

しかし、本当にC滑走路を離陸する航空機がD滑走路を離陸する航空機との間隔が保てないでしょうか。北風時に北に飛行するパイロットはB、C、Dのいずれかの滑走路から離陸することになります。しかし、重量の重い長距離国際線を飛行する航空機は、離陸性能上、距離の長いC滑走路（3360メートル）を選ぶことになります。ですから北風時にD滑走路（2500メートル）から離陸するのは、西や南に向かう便で、かつ離陸重量が軽い国内線や近距離国際線ということになります。

D滑走路から離陸する比較的重量の軽い航空機は旋回半径も小さく、しかも西や南に飛行する航空機は離陸直後に右旋回しても東京湾上を飛行するわけですから騒音問題は発生しません。

一方、C滑走路を離陸する航空機が340度から右旋回しても針路が50度を超えないように飛行すれば、2機が接近する問題は発生しません。こうしたことは特別な対応ではありません。航空機同士の接近を回避するために、パイロットが決められた方式で飛行するのは日常のことです。また管制官による地上レーダーのモニターで航空機同士の接近を回避することもよくあります。

国交省の新飛行経路設定で、離陸直後も都心上空を飛行することになると、都心の住民は南風時には着陸時の騒音と落下物、北風時には離陸時の騒音と落下物というダブルパンチで、航空機の低空飛行という不安に一年中、悩まされることになります。

住民を欺くB滑走路からの離陸制限

航空機の離着陸時のスピードや、必要な滑走路の長さは、重量、気温、気圧などによって変わります。とくに離陸時の重量は、離陸スピード（機体が浮上するスピード）に大きく影響します。離陸重量が重ければ離陸するスピードは速くなり、離陸のための滑走距離は長くなります。離陸や着陸距離は重量によって変わりますが、国際線と国内線の違いはありません。長距離国際便の場合には燃料を大量に搭載するために、離陸重量は重くなり、離陸滑走距離は長くなります。

羽田空港には井桁状に4本の滑走路があります。北西向きに並行しているA滑走路は3000

メートルで、C滑走路は3360メートルの長さです。また北東向きに並行しているB滑走路とD滑走路は同じ長さで2500メートルです。

これまでB滑走路は南西方向への着陸専用に使用していましたが、南西方向への離陸は禁止されていました。その理由は、B滑走路を離陸すると直後に川崎のコンビナートの上空を飛行することになるからです。川崎コンビナート上空の飛行については、1970年11月に東京航空局長から「川崎石油コンビナート上空3000フィート（約914メートル）以下の飛行は行なわせない」と東京国際空港長宛てに通知が出され、国と川崎市との間でも飛行禁止の合意書が交わされているからです。

ところが2019年末になって、川崎コンビナート上空の飛行制限について、地域住民の不安を払拭させることなく、東京航空局長から2019年12月16日付で、これまでの飛行制限の通知を廃止し、新たに川崎市長宛てに羽田空港を離着陸する航空機のコンビナート上空の飛行を認める通知が出されました。通知の内容は驚くべきもので、羽田空港の離着陸機に対しては川崎のコンビナート上空の飛行を認め、一方で、それ以外の飛行に対してはこれまで通り高度3000フィート（約914メートル）以下の飛行を禁止するとしています。これまで、安全上の観点からコンビナート上空の飛行を禁止にしてきたわけですから、このような国の矛盾に満ちた方針では、到底住民を納得させることはできないでしょう。無責任の極みと言わざるを得ません。

さらに驚くことに、国交省は騒音の軽減に配慮するためとして、B滑走路では長距離国際線について「羽田から6000キロを超えない路線とする」と運用制限を設けるとしています。あた

表3　羽田空港から都市間の距離
＊国土交通省「羽田空港のこれから」をもとに作表

地域	国	都市	距離（km）
アジア・オセアニア	韓国	ソウル（金浦）	1180
		ソウル（仁川）	1210
	中国	上海（浦東）	1735
		上海（虹橋）	1775
		天津	2015
		北京	2090
		広州	2885
		香港	2900
	台湾	台北（桃園）	2120
		台北（松山）	2095
	フィリピン	マニラ	2995
	ベトナム	ハノイ	3660
		ホーチミン	4325
	タイ	バンコク	4590
	シンガポール	シンガポール	5300
	マレーシア	クアラルンプール	5350
	インドネシア	ジャカルタ	5780
	オーストラリア	シドニー	7820

地域	国	都市	距離（km）
中東	アラブ首長国連邦	ドバイ	7935
	カタール	ドーハ	8255
ヨーロッパ	オーストリア	ウィーン	8255
	ドイツ	フランクフルト	9360
		ミュンヘン	9360
	イギリス	ロンドン	9590
	フランス	パリ	9700
太平洋／北米	アメリカ（ハワイ）	ホノルル	6190
		コナ	6450
	アメリカ	サンフランシスコ	8285
		ロサンゼルス	8810
		ミネアポリス	9605
		シカゴ	10125
		ニューヨーク	10875
	カナダ	バンクーバー	7560
		トロント	10345

＊ 2019 年夏ダイヤで羽田空港に就航している国際定期路線を対象として空港ごとに距離（概数）を集計

かも騒音対策や住民への配慮のように説明していますが、これは制限などというものではありません。

Ｂ滑走路の長さは２５００メートルしかありませんから、そもそも羽田から６０００キロを超えて飛行する航空機は重量が重いため離陸することができません。２５００メートルの滑走路でも東南アジア路線までは性能上離陸が可能ですが、多くのパイロットは羽田から６０００キロ近いジャカルタやシンガポールなどに飛行する場合には、安全上の余裕を持たせるためにＢ滑走路からの離陸は選ばないでしょう（表３）。

また、騒音の影響の大きい４発機（ボーイング７４７、エアバスＡ３４０など）を機材制限するとしていますが、もともと長距離国際線使用のこれらの航空機は、通常の長距離飛行では２５００メートルの滑走路での離陸はしません。性能上離陸できない航空機の離陸を制限するなどと説明する政府のやり方は、住民を欺くものです。

（山口宏弥）

column 06

東京の空は誰のものか

――横田空域と新ルートの危ない関係

米軍横田空域は、次ページ図1のように1都9県に及ぶ巨大な空域です。基地上空の低いところで2400メートル、高いところでは7000メートルと、飛行禁止の高さ制限があります。たとえて言えば、関東西部を中心に、南北に伸びる巨大な幻の城壁が存在しているようなものです。

領土・領海（海岸線から約22キロ）の上空は、国際法上「領空」と定義され、米軍横田空域も日本の主権が及ぶ「領空」で、本来、日本の管制下に置かれるべき空域です。

羽田空港の増便・新ルートの導入によって、北から羽田A滑走路へ進入する際に、進入コースの一部が米軍が管制する横田空域を通過することになり、にわかに米軍横田空域がクローズアップされました。米軍と日本政府との協議の結果、横田空域を通過する時間は数分程度であることから、羽田管制レーダーの周波数を変えずに、そのまま羽田空港への進入が継続できるよう米軍と合意しました。あたかも米軍が譲歩したような報道が一部にありましたが、パイロットと管制官の負担軽減が理由とされ、横田空域の返還の協議はまったくされていません。

今回のように、米軍空域の管制だけを日本側に移管した例がほかにもあります。2010年3月、沖縄・嘉手納基地のレーダー管制を日本側に移管していますが、米軍機の訓練があ

図1　横田空域

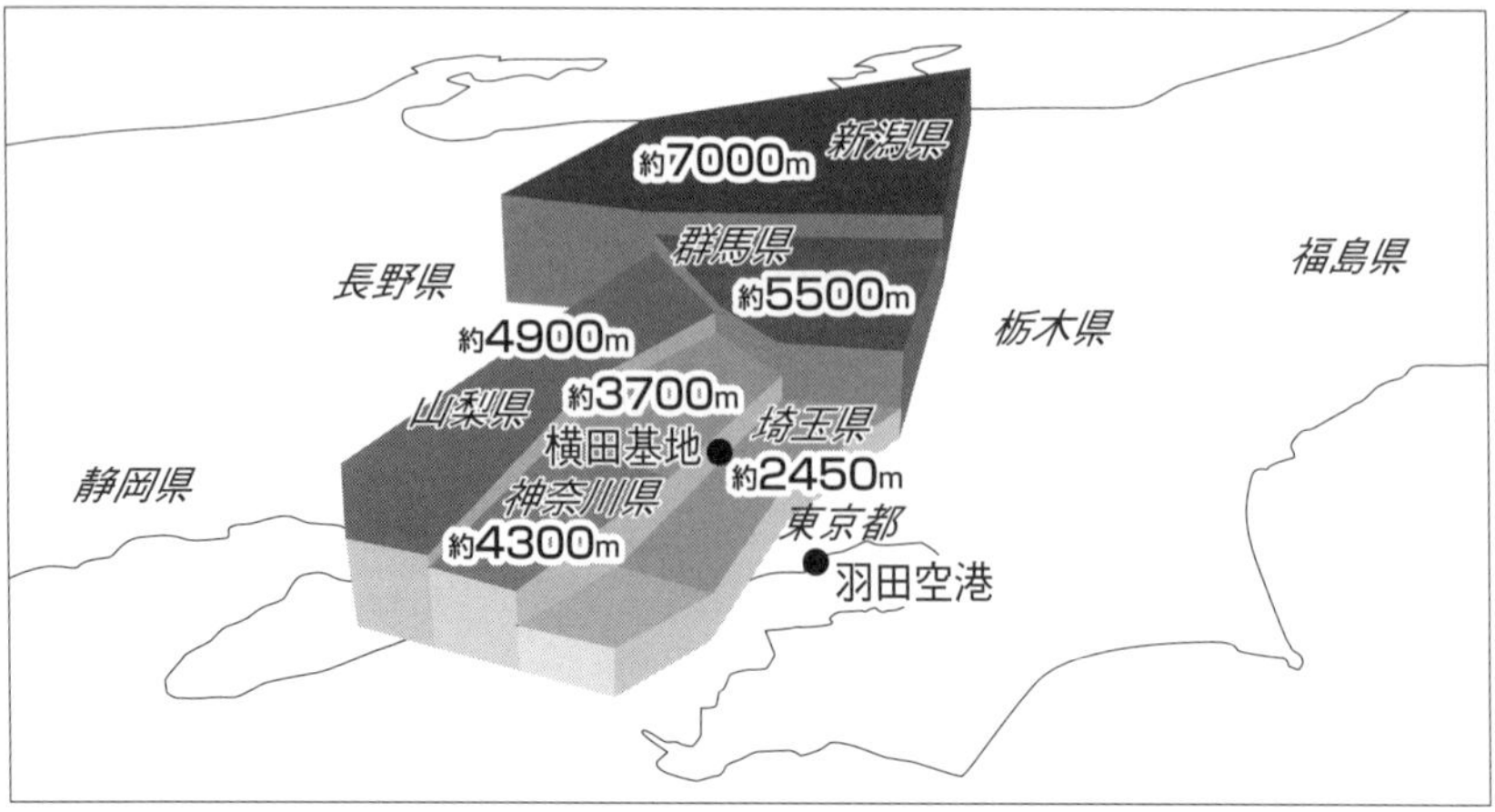
新潟県
約7000m
群馬県
約5500m
福島県
長野県
栃木県
約4900m
約3700m
山梨県
埼玉県
横田基地
約2450m
静岡県
神奈川県
東京都
約4300m
羽田空港

れば、日本の民間機よりも優先されているのが実態であり、嘉手納基地空域の存在は、実質的にはそのままで、管制業務だけを日本が肩代わりしている状態です。

そのために那覇空港への民間機は、北風時には離陸直後に高度300メートルという超低空飛行を余儀なくされています。世界でも例のない離陸直後の高度制限なのです。

民間旅客機はすべて計器飛行をしていますから、飛行計画を作成して横田空域を避けるために迂回を余儀なくされ、羽田空港から関西、中国、四国、九州方面に向かう便は、離陸後に東京湾上空を旋回して、高度を上げてから西方に向かって飛行する方式をとっています。逆に羽田空港に進入する飛行コースも制限されています。これが羽田離着陸便の遅延の原因にもなっています。

2006年、定期航空協会は横田空域を日本に返還すれば、機材の効率化や燃料の削減など年間に140億円の経済波及効果があると具体的な数値を挙げて、横田空域の早期返還を求めています。

また東京都も横田空域及び管制業務の早期返還の実現

と、横田空域の活用による首都圏空域の効率的な運用を国に働きかけていくとしています。

国土交通省の発行する出版物ＡＩＰ（航空路誌）には、横田空域の記載がありますが、パイロットが日常使用しているチャート（航空路図）には、横田空域の記載がありません。なぜ国際的に使用されている航空路図に記載がないのでしょうか。実は横田空域の設置と米軍管制には法的根拠はありません。自衛隊のように、航空法（１３７条）によって委任されているわけではなく、また日米地位協定に明記されているわけでもありません。地位協定の運用をつかさどる日米合同委員会（非公開）のなかで、米軍の占領下時代から続いているため「事実上の問題として委任した」と政府が認めていることだけが根拠となっています。

東京都心の米国大使館近くの六本木には米軍専用ヘリポートがあり、横田、座間、厚木、横須賀などから軍の高官や将校が米軍ヘリで行き来しています。これら米軍機は日本の航空法の適用が除外されています。都心では防災ヘリや、救急ヘリ、報道用ヘリなども行き交っています。羽田新ルートの導入は安全面だけでなく、日本の主権も問われている問題です。

（山口宏弥）

参考　**日米地位協定による航空法の特例（適用除外）について**

米軍機は、飛行計画、巡航高度、最低安全高度、粗暴な操縦の禁止、曲技飛行、耐空証明、飛行禁止区域への飛行などが航空法の適用除外とされている。

◇羽田増便に反対する市民運動

羽田増便による都心低空飛行計画に反対する東京連絡会
共同代表　秋田　操

２０１４年７月、国土交通省は羽田空港機能強化による旅客機の増便のため、都心低空を飛行する新ルート案を発表しました。地元住民としては、今まで体験したことのない環境悪化になると戦慄しました。すぐに住民有志で「羽田増便による都心低空飛行ルートに反対する品川区民の会」を結成。その後、南風ルート下、北風ルート下となる各区が「会」を結成し、国や東京都に対応するために連絡会を結成、運動の共同を進めています。

国土交通省は、都心飛行ルートで実際に旅客機を飛ばして環境影響の検証をすることはないとしています。検証すれば環境悪化が明確になり、新飛行ルートは不可能となるためであると考えられます。２０１９年８月、羽田空港のＡ、Ｃ滑走路にＩＬＳ（計器着陸装置）が完成、実機飛行確認を行なうとしていますが、国土交通省は実機での試験飛行後に地元の意見を聞くということもやりません。

また国土交通省は、追加対策として世界の主要空港での着陸時の進入角度３度を羽田空港では３・５度と０・５度上げることを決めました。このことは本編に詳しく解説がありますが、０・５度の角度引き上げにより、１０００メートルの距離で９メートルほど高度が上がることになります。これでは旅客機の威圧感も騒音も、軽減されることはありません。逆に着陸の危険性が増し、羽田空港は世界一着陸が難しい空港として悪評をふりまくだけです。

２０１９年８月８日、石井啓一国土交通大臣（当時）は、地元の理解を得たので都心飛行ルートを決定したと発表しました。そして、いよいよ２０２０年３月29日の夏ダイヤから新飛行ルートが実施されます。

どこで地元の理解を得たのでしょうか。６次にわたり「オープンハウス型」説明会や一部関係自治体で教室型説明会が開かれていますが、地元の理解を得られたとする状況などはありません。このルート決定発表の前日に「第5回首都圏空港機能強化の具体化に向けた協議会」を開催し、ここでさしたる異論がなかったとして、早々と「地元の理解を得た」としたのです。

新ルート実施にあたって、本来必要なのは、住民の意思を聞く機会をつくるために住民投票を実施することが必要で、それには地方自治法による直接請求権を行使する道があると考えています。「羽田空港の『新たな飛行経路』の賛否を問う品川区民投票条例」をはじめ、その他の関係自治体においても、住民の意思を問うべきだという運動を、さらに強力に進めていきましょう。

◇無謀な都心低空飛行を止めるために

羽田問題解決プロジェクト　代表　大村　究

過密都市のど真ん中に離着陸ルートを開設しようとする今回の計画は、騒音、落下物、環境汚染さらには万一の重大事故など甚大なリスクが想定される割にはそれに見合う効果が期待できず、この程度の増便であれば都心を通過させない代替案が複数あると提案できます。

しかし国は住民の圧倒的な反対の声を聞くことなく、過去に取り交わした、原則的に陸域上空の離発着を回避／制限させる自治体との取り決めを強引に改訂し、騒音訴訟の和解も無視して計画を強行しようとしています。

この計画は政権から降りてくる目先の目標実現のための付け焼刃でしかなく、そもそも数十年先を見据えた日本の航空政策自体が残念ながら今は実質的に存在していません。羽田増便と成田抜本増強を合わせた10年後の年間100万回の処理能力計画を掲げるも、定まらぬ国のスタンスにより成田から羽田への再回帰の動きを生み、羽田第5滑走路敷設も否定できず国交省自身混沌としているのが実態です。しかも横田空域事情が疑われる降下角変更を首長たちには騒音低減のためと説明し、増便の目的も米国へ配慮したビジネス便強化の本音が見え隠れする、どこから見ても理不尽で説得力に欠ける政策です。

国際競争力強化や観光立国化推進といった国の方針や、「生活が便利になるのだから協力しなきゃ」との声は理解できます。文明社会の恩恵を享受する以上、空港機能との共存は必須で、合理的な理由や納得のいく論議の末の決定であれば、協力を惜しむものではありません。

ところが今回の計画は、本編で指摘されるように、世界屈指の過密都市のあり様に深く関わり、想定リスクも桁違いで、全国の他空港問題と同列には論じられないきわめて慎重な国家判断が必要な政策です。国際的にも航空業界（ＩＡＴＡなど）から安全性への懸念が示されているような現状の計画では、小さなメリットと大きなデメリットが到底バランスしません。

国交省は今回のルート変更の法的根拠について従来からの説明を変え、告示義務のある航空法37条は不要でＡＩＰ（航空路誌）の発行だけで行えるとの見解です。要は、国交大臣の裁量権の範囲でなんでもできるというのです。

計画の阻止や見直しは簡単なことではありません。しかし、市民の声を結集して行政の愚策、判断の誤りを指摘し、大きなうねりをつくれば政策を変更させることは可能です。２０１４年の計画発表以来、ルート下でさまざまな反対運動が生まれ、自治体や国への働きかけ、議会への請願陳情のための署名などが行なわれてきました。直近では行政訴訟を起こす動きや住民投票運動も起こり、間近に迫った本番運用に向け、さらに声を拡げていく必要があります。

羽田問題解決プロジェクトは、「都心低空飛行は無謀である」というただ一点で都心低空飛行反対運動をつなぎ、共同行動のけん引役として問題解決を目指します。力を合わせて頑張りましょう。

羽田増便・都心低空飛行に反対する市民グループ（順不同、2020年1月時点）

全体 羽田増便による都心低空飛行計画に反対する東京連絡会	URL：http://saveourtokyosky.blogspot.com/ TEL：090-8022-5028（秋田）、または 03-5605-0586（太田）、または 090-2527-1144（松橋）、または 090-4523-0338（増間）
全体 羽田問題解決プロジェクト	URL：https://haneda-project.jimdofree.com/ TEL：090-6193-6969（大村） E-mail：teikuu20190719@gmail.com
全体 首都圏低空飛行に反対する市民連合	Facebook：@soranoanzen ／ Twitter：@think2haneda TEL：090-2144-9076 E-mail：soranoanzen@gmail.com
全体 羽田問題訴訟の会	TEL：090-1460-8509（黒田） E-mail：ebisuhide@gmail.com
品川区 羽田増便による都心低空飛行ルートに反対する品川区民の会	URL：https://shinagawateikuu.jimdo.com/ TEL：090-8022-5028（秋田） E-mail：shinagawateikuu@gmail.com
品川区 羽田新ルート絶対反対！大井町周辺住民の会	TEL：090-1208-9406（酒井） E-mail：h-sakai@fancy.ocn.ne.jp
品川区 品川区民投票を成功させる会	URL：https://shinagawatohyo.jimdofree.com/ TEL：03-3785-3636（井上）／ FAX：03-5751-7106 E-mail：shinagawatohyo@gmail.com
品川区 あおぞら東京の会	TEL：03-5783-2511（高池）
港区 みなとの空を守る会	URL：https://minatono-kai.amebaownd.com/ TEL：090-4523-0338（増間） E-mail：minatonosora123@gmail.com
江戸川区 航空機の都心低空飛行に反対する江戸川区民の会	URL：https://teikuuhikouhantaiedogawa.amebaownd.com/ TEL：03-5605-0586（太田） E-mail：mine-ota1004@mbr.nifty.com
江東区 江東区上空の飛行計画撤回を求める会	TEL：090-2527-1144（松橋） E-mail：ryuji@baynet.jp
豊島区 としまの空を考える会	URL：https://toshimanosora2016.jimdofree.com/ TEL：090-1663-4538（吉田） E-mail：yoshida.masaaki.a1@gmail.com

大田区 羽田空港増便問題を考える会	Facebook：@nozobin ／ Twitter：@no_hanedazobin TEL：090-2144-9076 E-mail：no.hanedazobin@gmail.com
渋谷区 渋谷の空を守る会	E-mail：shibuyanosora@gmail.com
文京区 航空機騒音を考える文京区民の会	URL：https://kokukisoon.web.fc2.com/ TEL：03-3943-5886（岩佐） E-mail：kokukisoon@yahoo.co.jp
板橋区 いたばしの空を守る会	Facebook：https://www.facebook.com/itabashinosora/ TEL：090-3316-8253（岡本） E-mail：tac.okamoto1950@gmail.com（岡本）
新宿区 新宿の空を守る会	TEL：090-2641-8431（佐藤） Twitter：@sinsora5 E-mail：shinjukusky24@gmail.com
中野区 羽田新飛行ルートの中止を求める中野の会	FAX：03-3385-0925 E-mail：haneda.nakano@gmail.com
目黒区 目黒区三田地区の環境を守る会	URL：http://megurokumitanoplane.blogspot.com/ Twitter：@mitakankyo1 E-mail：mitakankyo@outlook.jp
目黒区 街を飛行ルートにしないで@めぐろの会	TEL：090-1266-2737（小泉） E-mail：koisan-1557@outlook.jp
目黒区 羽田低空飛行に反対する目黒北部住民連絡会	Twitter：@meguro_hokubu TEL：090-7265-0199（斉藤） E-mail：megurohokubu@gmail.com
北区 北区を低空飛行する羽田新ルートの撤回を要求する住民の会	TEL：03-3900-4388（浅野） E-mail：akbane13501@gmail.com（小室）
練馬区 STOP！ 羽田新ルート・練馬の会	TEL：090-6939-4379（飯野） E-mail：satoshiiino@yahoo.co.jp
川崎市川崎区 羽田増便による低空飛行に反対する「川崎区民の会」	TEL：044-287-7313、または 070-4234-3693（橘） E-mail：katsuo.hashimoto@gmail.com
さいたま市南区 さいたま市南区・羽田空港増便問題を考える会	TEL：048-885-1970、または 090-1559-6884（守谷） E-mail：thizuko.m@s5.dion.ne.jp 住所：〒 336-0015　さいたま市南区太田窪 2244-57

◆著者紹介

杉江　弘

航空評論家／元日本航空機長

1969年慶應義塾大学法学部卒、日本航空入社。

DC-8、ボーイング747、エンブラエルE170に乗務。首相フライトなど政府要請による特別便の経験も多い。ボーイング747の飛行時間は1万4051時間という世界一の記録を持つ。2011年10月の退役までの総飛行時間は2万1000時間超。日本航空在籍時に安全施策の策定推進の責任者だったときにはじめた「スタビライズド・アプローチ」は、日本の航空界全体に普及し、JAL御巣鷹山事故以来の死亡事故、並びに大きな着陸事故ゼロの記録に貢献している。

航空問題と広く安全問題について出版、新聞、テレビなどメディア、講演会などで解説、啓蒙活動を行なっている。著書多数。近著に『乗ってはいけない航空会社』（双葉社）がある。

山口　宏弥

元航空労組連絡会議長／元日本航空機長

1972年パイロット訓練生として日本航空に入社。DC-8、ボーイング747、MD11、ボーイング777に乗務。ボーイング747で機長昇格後は19年間ヨーロッパ線に乗務。日本航空乗員組合委員長、航空労組連絡会議長を務める。2010年4月に衆議院国土交通委員会参考人意見陳述（日本航空経営破綻問題）、12月31日に機長55歳以上という年齢基準で整理解雇される。日本航空（JAL）不当解雇撤回争議団パイロット団長。

著書に『有事法制と民間航空』（酣燈出版）『安全な翼を求めて』（新日本出版社）がある。

◆編集協力

松橋　隆司

ジャーナリスト

横浜市立大学卒（生物と数学を専攻）。現・日本ジャーナリスト会議会員。

原発問題で同会議奨励賞受賞（第24回）。2000年から諫早湾干拓問題を主に、東京外観道路問題、ダムなど公共事業問題や環境問題を取材してきた。

著書に『宝の海を取り戻せ——諫早湾干拓と有明海の未来』（新日本出版社）、『弁護士馬奈木昭雄——私たちは絶対に負けない　なぜなら、勝つまでたたかい続けるから』（合同出版）など。

装丁
岩瀬　聡

図版作成（P.3 ～5、P.26、P.35、P.39、P.41、P.65、P.92、P.96、P.98、P.104）
株式会社ニッタプリントサービス

合同ブックレット 12
パイロットは知っている
羽田増便・都心低空飛行が危険なこれだけの理由

2020 年 2 月 20 日　第 1 刷発行
2020 年 4 月 10 日　第 2 刷発行

著　者　**杉江　弘　山口宏弥**
発行者　**上野良治**
発行所　**合同出版株式会社**
東京都千代田区神田神保町 1-44　郵便番号　101-0051
電話 03（3294）3506 ／ FAX03（3294）3509
URL http://www.godo-shuppan.co.jp　振替 00180-9-65422
印刷・製本　**株式会社シナノ**

本書を無断で複写・転訳載することは、法律で認められている場合を除き、著作権および出版社の権利の侵害になりますので、その場合にはあらかじめ小社あてに許諾を求めてください。

■刊行図書リストを無料送呈いたします。■落丁乱丁の際はお取り換えいたします。

ISBN978-4-7726-1419-1　NDC681　210 × 148
©Sugie Hiroshi, Yamaguchi Hiroya, 2020